Libro de actividades de los
discípulos

Libro de actividades de los discípulos

Todos los derechos reservados. Al comprar este Libro de actividades, el comprador puede copiar las hojas de actividades solo para uso personal y en el aula, pero no para reventa comercial. Con la excepción de lo anterior, este Libro de actividades no puede reproducirse total o parcialmente de ninguna manera sin el permiso por escrito del editor.

Bible Pathway Adventures® es una marca registrada de BPA Publishing Ltd.
Defenders of the Faith® es una marca registrada de BPA Publishing Ltd.

ISBN: 978-1-989961-58-2

Autora: Pip Reid
Director Creativo: Curtis Reid
Editora: Aileen Nieto

Para obtener recursos bíblicos gratuitos y Paquetes para Maestros, incluyendo páginas para colorear, hojas de trabajo, exámenes y más, visite nuestro sitio web en:

www.biblepathwayadventures.com

◦◇ INTRODUCCIÓN ◇◦

¡Le damos la bienvenida al *Libro de actividades de los discípulos!* Este libro está diseñado para proporcionar a los niños una forma interesante y creativa de aprender acerca de los doce discípulos del Mesías. A través de actividades divertidas, rompecabezas, hojas de trabajo y referencias bíblicas detalladas, los niños obtendrán una comprensión de la vida y las obras de los discípulos. Los educadores encontrarán planes de lecciones, una guía de respuestas y otras herramientas para ayudarlos a facilitar las actividades.

Bible Pathway Adventures ayuda a educadores de todo el mundo a enseñar a los niños acerca de la fe bíblica de una manera creativa y divertida. Hacemos esto mediante nuestros libros de actividades, actividades imprimibles e historias de la Biblia, disponibles en www.biblepathwayadventures.com.

Gracias por comprar este libro de actividades y apoyar a nuestro ministerio. Cada libro comprado nos ayuda a continuar con nuestro trabajo proporcionando paquetes de lecciones gratis y recursos de discipulado a familias y misiones en todas partes.

¡La búsqueda de la verdad es más divertida que la tradición!

❖ TABLA DE CONTENIDOS ❖

Introducción 3

Plan de la lección: Pedro 8
Escritura creativa: Pedro 9
Hoja de trabajo: ¿Cuál es la palabra? 10
Cuestionario de la Biblia: Pedro 11
Sopa de letras de la Biblia: Pedro 12
Hoja de trabajo: Pedro 13
Hoja de trabajo: La fuga de Pedro de la prisión 14
Hoja de trabajo: ¿Qué es un discípulo? 15
Hoja de trabajo: ¿Quiénes fueron los zelotes? 16
Hoja de trabajo: Mis notas bíblicas 17

Plan de la lección: Juan 18
Escritura creativa: Juan 19
Hoja de trabajo: ¿Cuál es la palabra? 20
Cuestionario de la Biblia: Juan 21
Sopa de letras de la Biblia: Juan 22
Hoja de trabajo: Juan 23
Hoja de trabajo: Ante del Sanedrín 24
Hoja de trabajo: La última cena 25
Hoja de trabajo de comprensión: Los romanos 26
Hoja de trabajo: Mis notas bíblicas 27

Plan de la lección: Jacobo (hijo de Zebedeo) 28
Escritura creativa: Jacobo (hijo de Zebedeo) 29
Hoja de trabajo: ¿Cuál es la palabra? 30
Cuestionario de la Biblia: Jacobo (hijo de Zebedeo) 31
Sopa de letras de la Biblia: Jacobo (hijo de Zebedeo) 32
Hoja de trabajo: Jacobo (hijo de Zebedeo) 33
Responde y colorea: Resurrección de la hija de Jairo 34
Hoja de trabajo: Jacobo, el pescador 35
Hoja de trabajo: Mártir de la fe 36
Hoja de trabajo: Mis notas bíblicas 37

Plan de la lección: Judas Iscariote 38
Escritura creativa: Judas Iscariote 39
Hoja de trabajo: ¿Cuál es la palabra? 40
Cuestionario de la Biblia: Judas Iscariote 41
Sopa de letras de la Biblia: Judas Iscariote 42
Hoja de trabajo: Judas Iscariote 43
Responde y colorea: Judas devuelve el dinero 44
Hoja de trabajo de comprensión: Los líderes religiosos 45
Hoja de trabajo: ¿Lo sabías? 46
Hoja de trabajo: Mis notas bíblicas 47

Plan de la lección: Tomás 48
Escritura creativa: Tomás 49
Hoja de trabajo: ¿Cuál es la palabra? 50
Cuestionario de la Biblia: Tomás 51
Sopa de letras de la Biblia: Tomás 52
Hoja de trabajo: Tomás 53
Hoja de trabajo: Empareja las escrituras 54
Hoja de trabajo: ¡Ha resucitado! 55
Hoja de trabajo: El Tiempo de Jerusalén 56
Hoja de trabajo: Mis notas bíblicas 57

Plan de la lección: Bartolomé 58
Escritura creativa: Bartolomé 59
Hoja de trabajo: ¿Cuál es la palabra? 60
Cuestionario de la Biblia: Bartolomé 61
Sopa de letras de la Biblia: Bartolomé 62
Hoja de trabajo: Bartolomé 63
Hoja de trabajo: Carreteras romanas 64
Hoja de trabajo: Discípulo por un día 65
Hoja de trabajo: Casa israelita 66
Hoja de trabajo: Mis notas bíblicas 67

Plan de la lección: Jacobo (hijo de Alfeo) 68
Escritura creativa: Jacobo (hijo de Alfeo) 69
Hoja de trabajo: ¿Cuál es la palabra? 70
Cuestionario de la Biblia: Jacobo (hijo de Alfeo) 71
Sopa de letras de la Biblia: Jacobo (hijo de Alfeo) 72
Hoja de trabajo: Jacobo (hijo de Alfeo) 73
Hoja de trabajo: Templo en Jerusalén 74
Hoja de trabajo: Ordena los nombres de los 12 discípulos 75
Página para colorear: Viajes de los discípulos 76
Hoja de trabajo: Mis notas bíblicas 77

Plan de la lección: Judas Tadeo 78
Escritura creativa: Judas Tadeo 79
Hoja de trabajo: ¿Cuál es la palabra? 80
Cuestionario de la Biblia: Judas Tadeo 81
Sopa de letras de la Biblia: Judas Tadeo 82
Hoja de trabajo: Judas Tadeo 83
Hoja de trabajo: Una última comida 84
Hoja de trabajo: La última cena 85
Hoja de trabajo: Getsemaní 86
Hoja de trabajo: Mis notas bíblicas 87

Plan de la lección: Mateo 88
Escritura creativa: Mateo 89
Hoja de trabajo: ¿Cuál es la palabra? 90
Cuestionario de la Biblia: Mateo 91
Sopa de letras de la Biblia: Mateo 92
Hoja de trabajo: Mateo 93
Hoja de trabajo: Calmando la tormenta 94
Hoja de trabajo: El recaudador de impuestos 95
Hoja de trabajo: Etiqueta a un soldado romano 96
Hoja de trabajo: Mis notas bíblicas 97

Plan de la lección: Andrés 98
Escritura creativa: Andrés 99
Hoja de trabajo: ¿Cuál es la palabra? 100
Cuestionario de la Biblia: Andrés 101
Sopa de letras de la Biblia: Andrés 102
Hoja de trabajo: Andrés 103
Actividad del mapa: Tierra de Israel 104
Aprendamos hebreo: Pez 105
Hoja de trabajo: ¡Entrevista a un pescador! 106
Hoja de trabajo: Mis notas bíblicas 107

Plan de la lección: Simón (el cananista) 108
Escritura creativa: Simón el cananista 109
Hoja de trabajo: ¿Cuál es la palabra? 110
Cuestionario de la Biblia: Simón el cananista 111
Sopa de letras de la Biblia: Simón el cananista 112
Hoja de trabajo: Simón el cananista 113
Responde y colorea: Reino de Dios 114
Hoja de trabajo: Diseña tu propia moneda 115
Hoja de trabajo: Ordena los nombres de los 12 discípulos 116
Hoja de trabajo: Mis notas bíblicas 117

Plan de la lección: Felipe 118
Escritura creativa: Felipe 119
Hoja de trabajo: ¿Cuál es la palabra? 120
Cuestionario de la Biblia: Felipe 121
Sopa de letras de la Biblia: Felipe 122
Hoja de trabajo: Felipe 123
Hoja de trabajo: Alimentando a los 5.000 124
Hoja de trabajo: ¿Qué vestían los discípulos? 125
Hoja de trabajo: Datos de los discípulos 126
Hoja de trabajo: Mis notas bíblicas 127

Actividades extra:
Set de tarjetas didácticas: Los discípulos 129
Actividad de la Biblia: Seguidme 135
Actividad de la Biblia: ¿Quién lo dijo? 137
Manualidad de la Biblia: Títeres de los discípulos 139
Actividad de la Biblia: ¿Quién lo dijo? 143

Guía de respuestas.. 144
¡Descubra más libros de actividades!... 152

PLAN DE LA LECCIÓN

Pedro

1. Introducción:

Muéstreles a sus estudiantes imágenes de botes pesqueros en el mar de Galilea. Pedro era pescador… ¿cómo crees que era su día a día?

2. Repaso del vocabulario clave:

- **DISCÍPULO:** una persona que sigue las enseñanzas de Yeshua y trata de aprender a ser como Él
- **NEGAR:** decir que algo no es cierto
- **ASCENSIÓN:** la acción de subir de la tierra al cielo
- **MAR DE GALILEA:** un gran lago de agua dulce en el norte de Israel

4. Preguntas de revisión:

1. ¿Cómo se convirtió Pedro en discípulo de Yeshua?
2. ¿Cómo se desarrolló la fe de Pedro a lo largo de su vida?
3. ¿Por qué crees que Pedro negó al Mesías?
4. ¿Qué les dijo Pedro a los israelitas el Día de Pentecostés?

3. Leer:

Mateo 8, 17, 22, 26-28; Marcos 5, 9, 14; Lucas 5, Juan 1, 13, 18, 21; y Hechos 1-2. Resume los eventos principales del viaje de Pedro con el Mesías.

5. Actividades:

* Escritura creativa: Pedro
* Hoja de trabajo: ¿Cuál es la palabra?
* Cuestionario de la Biblia: Pedro
* Sopa de letras de la Biblia: Pedro
* Hoja de trabajo: Pedro
* Hoja de trabajo: La fuga de Pedro de la prisión
* Hoja de trabajo: ¿Qué es un discípulo?
* Hoja de trabajo: ¿Quiénes fueron los zelotes?
* Hoja de trabajo: Mis notas bíblicas

6. Conclusión:

1. ¿Qué lección(es) podemos aprender de la vida de Pedro?
2. Termine la lección con una oración

Lee Mateo 8, 17, 26; Marcos 5, 9, 14; Lucas 5, Juan 1, 13, 18, 21; y Hechos 1. ¿Qué aprendiste acerca de Pedro?

Resume los eventos principales del viaje de Pedro con el Mesías.

....

....

....

....

....

....

....

¿Cuál es la palabra?

Lee Juan 21:15-18 (RV1960). Usando las siguientes palabras, llena los espacios en blanco para completar el pasaje de la Biblia.

| COMIDO | AMAS | IBAS | YESHUA |
| CORDEROS | JOVEN | LLEVARÁ | TERCERA |

"Cuando hubieron ...., Yeshua dijo a Simón Pedro: 'Simón, hijo de Jonás, ¿me amas más que estos?'. Le respondió: 'Sí, Señor; tú sabes que te amo'. Él le dijo: 'Apacienta mis ....'. Volvió a decirle la segunda vez: 'Simón, hijo de Jonás, ¿me amas?'. Simón Pedro le respondió: 'Sí, Señor; Tú sabes que te amo'. Le dijo: 'Pastorea mis ovejas'. Le dijo la tercera vez: 'Simón, hijo de Jonás, ¿me ....?'. Pedro se entristeció de que le dijese la .... vez: '¿Me amas?', y le respondió: 'Señor, Tú lo sabes todo; Tú sabes que te amo'. .... le dijo: 'Apacienta mis ovejas. De cierto, de cierto te digo: cuando eras más ...., te ceñías, e .... a donde querías; mas cuando ya seas viejo, extenderás tus manos, y te ceñirá otro, y te .... a donde no quieras'."

PEDRO

Lee Mateo 8:14-17, 17:1-13; Juan 1, 13:1-36, 18, 21; y Hechos 1. Responde las siguientes preguntas.

1. ¿A quiénes llevó Yeshua a un monte alto?
2. ¿Quiénes se le aparecieron a los discípulos?
3. ¿Cuántas sucás (tiendas) se ofreció a hacer Pedro?
4. ¿Qué le pidió Pedro a Yeshua que lavara?
5. ¿Cómo respondió Yeshua cuando Pedro le preguntó a dónde iba?
6. ¿De qué ciudad era Pedro?
7. ¿Cuántas veces negó Pedro conocer a Yeshua?
8. ¿Qué hizo Pedro cuando vio a Yeshua junto al mar de Galilea?
9. ¿Cuántas veces le preguntó Yeshua a Pedro si lo amaba?
10. ¿Dónde fue curada la suegra de Pedro?

PEDRO

Lee Mateo 8:14-17, 17:1-13; Juan 1, 13:1-36, 18, 21; y Hechos 1. Encuentra y encierra en un círculo las siguientes palabras.

PEDRO
ROCA
PESCADOR
OVEJA
PRISIÓN
JERUSALÉN
CAFARNAÚM
GALILEA
PIES
DISCÍPULO
BETSAIDA
MAR DE GALILEA

Pedro

Dibuja a Pedro y sus hermanos pescando en el mar de Galilea.

Lee Hechos 12:5-17. Escribe cinco oraciones que describan el momento en que Pedro fue liberado de la cárcel.

....
....
....
....
....
....
....

La vida de Pedro me enseña...

....
....
....
....
....
....

Si la vida de Pedro fuera un libro, la portada se vería así...

¡La fuga de Pedro de la prisión!

Abre tu Biblia y lee Hechos 12:1-17.
Responde las preguntas. Colorea el dibujo.

1. ¿Durante qué fiesta fue arrojado Pedro a la cárcel?

   ....
   ....
   ....

2. ¿Cómo fue atado Pedro mientras estaba en prisión?

   ....
   ....
   ....

3. ¿Quién liberó a Pedro de la cárcel?

   ....
   ....
   ....

¿Qué es un discípulo?

Yeshua tenía doce discípulos. Sus nombres eran Simón Pedro, Andrés, Jacobo (hijo de Zebedeo), Juan, Felipe, Bartolomé, Tomás, Mateo, Jacobo (hijo de Alfeo), Tadeo, Simón el cananista y Judas Iscariote (Mateo 10:1-4 y Lucas 6:12-16). Aprendamos lo que significa ser un discípulo.

Antes de la época de Yeshua, el discipulado ya era un proceso bien establecido dentro de la cultura hebrea. Para convertirse en discípulo, primero había que terminar el Bet Midrash. Esto era donde los chicos de 13 a 15 años estudiaban todo el Tanaj (Antiguo Testamento) mientras aprendían el oficio de la familia. Los chicos que terminaban el Bet Midrash eran invitados por un maestro a convertirse en su discípulo. Estos discípulos eran conocidos como talmidim y aprendían todo de su maestro. Comían la misma comida que su maestro, aprendían a guardar el Sabbat de la misma manera que su maestro y estudiaban la Torá exactamente igual que su maestro. Un discípulo tenía cuatro tareas: memorizar las palabras de su maestro, aprender las tradiciones e interpretaciones de su maestro, imitar a su maestro y, después de estar completamente entrenado, se convertiría en un maestro y enseñaría a sus propios discípulos.

"Todo discípulo bien formado será como su maestro". (Lucas 6:40)

Yo imito a Yeshua todos los días al...

....

....

....

....

¡Colorea al discípulo!

¿Quiénes eran los zelotes?

¿Por qué Pedro negó y Judas traicionó a Yeshua? Algunos historiadores argumentan que ambos hombres eran zelotes, miembros de un movimiento político del primer siglo entre los judíos que querían derrocar al gobierno romano de ocupación. Creían que si el pueblo de Israel se volvía a Dios y comenzaba la guerra contra los romanos, el Mesías se levantaría y establecería Su Reino. No creían que el Salvador sería divino; estaban buscando un Salvador como el rey David que lideraría una revolución.

Según el historiador judío Josefo, "los zelotes están de acuerdo en todo lo demás con las nociones farisaicas, pero tienen un apego inviolable a la libertad y dicen que Dios debe ser su único Gobernante y Señor" (Antigüedades 18.1.6).

Inicialmente, las enseñanzas de Yeshua pueden haber interesado a los zelotes. Parecían encajar en su idea de un Mesías que devolvería al pueblo hebreo a Dios. Sus milagros y curaciones solo aumentaron esta percepción. Pero cuando Yeshua comenzó a decirles a Sus discípulos que Él moriría, los fanáticos como Pedro y Judas se preocuparon de que las referencias de Yeshua al reino fueran diferentes a sus propias ideas.

¿Qué opinas? ¿Pedro y Judas eran zelotes? ¿Por qué sí / por qué no?

....
....
....
....

Mis notas bíblicas

Usa este espacio para escribir lo que Dios te mostró hoy:

....
....
....
....
....
....
....
....
....
....
....
....

Haz un dibujo de Pedro.

PLAN DE LA LECCIÓN

Juan

1. Introducción:
Si el Mesías publicara un anuncio en un periódico buscando un discípulo, ¿qué crees que esperaría encontrar?

2. Repaso del vocabulario clave:

- **DISCÍPULO:** una persona que sigue las enseñanzas de Yeshua y trata de aprender a ser como Él
- **SANEDRÍN:** la corte suprema del antiguo Israel, compuesta por 70 líderes religiosos y el sumo sacerdote
- **PATMOS:** una isla griega en el mar Egeo
- **JARDÍN DE GETSEMANÍ:** un jardín al pie del Monte de los Olivos en Jerusalén

4. Preguntas de revisión:
1. ¿Por qué crees que Juan se hizo discípulo de Yeshua?
2. ¿Cuáles fueron algunos milagros que presenció Juan?
3. ¿Qué hizo Juan después de la muerte del Mesías?
4. ¿Qué vio Juan en una visión en la isla de Patmos?

3. Leer:
Mateo 17, 22, 25-28; Marcos 1, 3, 14; Lucas 5, 9; Juan 13, 19, 21; Hechos 1-2, 4; y Apocalipsis 1. Resume los principales acontecimientos del viaje de Juan con el Mesías.

5. Actividades:
* Escritura creativa: Juan
* Hoja de trabajo: ¿Cuál es la palabra?
* Cuestionario de la Biblia: Juan
* Sopa de letras de la Biblia: Juan
* Hoja de trabajo: Juan
* Hoja de trabajo: Ante del Sanedrín
* Hoja de trabajo: La última cena
* Hoja de trabajo de comprensión: Los romanos
* Hoja de trabajo: Mis notas bíblicas

6. Conclusión:
1. ¿Qué lección(es) podemos aprender de la vida de Juan?
2. Termine la lección con una oración

Lea Mateo 17, 22, 25-28; Marcos 1, 3, 14; Lucas 5, 9; Juan 13, 19, 21; Hechos 1-2, 4 y Apocalipsis 1. ¿Qué aprendiste acerca de Juan?

Resume los eventos principales del viaje de Juan con el Mesías.

....

....

....

....

....

....

....

¿Cuál es la palabra?

Lee Hechos 4:1-10 (RVR1960). Usando las siguientes palabras, llena los espacios en blanco para completar el pasaje de la Biblia.

| JUAN | CAIFÁS | MIL | ISRAEL |
| YESHUA | ESPÍRITU SANTO | NAZARET | ENFERMO |

" Hablando Pedro y .... al pueblo, vinieron sobre ellos los sacerdotes con el jefe de la guardia del templo, y los saduceos, resentidos de que enseñasen al pueblo, y anunciasen en .... la resurrección de entre los muertos. Y les echaron mano, y los pusieron en la cárcel hasta el día siguiente, porque era ya tarde. Pero muchos de los que habían oído la palabra, creyeron; y el número de los varones era como cinco .... Aconteció al día siguiente, que se reunieron en Jerusalén los gobernantes, los ancianos y los escribas, y el sumo sacerdote Anás, y .... y Juan y Alejandro, y todos los que eran de la familia de los sumos sacerdotes; y poniéndoles en medio, les preguntaron: "¿Con qué potestad, o en qué nombre, habéis hecho vosotros esto?". Entonces Pedro, lleno del ...., les dijo: "Gobernantes del pueblo, y ancianos de Israel, puesto que hoy se nos interroga acerca del beneficio hecho a un hombre ...., de qué manera éste haya sido sanado, sea notorio a todos vosotros, y a todo el pueblo de ...., que en el nombre de Yeshua de ...., a quien vosotros crucificasteis y a quien Dios resucitó de los muertos, por él este hombre está en vuestra presencia sano". "

www.biblepathwayadventures.com
Libro de actividades de los discípulos

© BPA Publishing Ltd 2023

JUAN

Lee Mateo 17:1-13, Lucas 9:51-56, Marcos 3:17, 14:32-41; Juan 21:1-25, Hechos 1:1-26 y 4. Responde las siguientes preguntas.

1. ¿Quién se transfiguró ante Pedro, Jacobo y Juan?
2. ¿Qué hicieron los discípulos cuando escucharon una voz desde la nube?
3. ¿Qué pueblo visitaron Juan y los discípulos en Lucas 9:52?
4. ¿Qué dijeron Jacobo y Juan a Yeshua en Lucas 9:54?
5. ¿Quiénes visitaron a Juan y a Pedro mientras hablaban en Hechos 4?
6. ¿Qué se les dijo a Pedro y a Juan que hicieran en Hechos 4:18?
7. ¿Al lado de qué mar se apareció Yeshua a Juan y a los discípulos?
8. ¿Quién era el hermano de Juan?
9. ¿Qué nombre les dio Yeshua a Juan y a Jacobo?
10. ¿Quiénes se durmieron mientras Yeshua fue a orar en Getsemaní?

JUAN

Lee Mateo 17:1-13, Lucas 9:51-56, Marcos 3:17, 14:32-41, Juan 21:1-25, Hechos 1:1-26 y 4. Encuentra y encierra en un círculo las siguientes palabras.

```
Q J U A N Q S T L N U S I E P
C K L X E W A S I N M A G Q U
R M W I I A M U G H Z N A T X
W I N K P V A M A Q Z E L R T
P L D Q F P R O E Y J D I U U
D A M D K O I S P I Z R L E G
G I S T A Y T A Y I B Í E N E
Z Z X C J G A C Y D L N A O T
X Q F Q U V N E E E E D A F S
H Q R D W A O R J N N M T O E
X Z F D C A N D D A O P B O M
Z E B E D E O O D O R M I R A
V Z G R D E N T L Z D G Q U N
A F R N Z I E E P U E B L O Í
J L D I S C Í P U L O Z S L X
```

PASCUA
PUEBLO
ZEBEDEO
SUMO SACERDOTE
SAMARITANO
DORMIR
JUAN
GALILEA
SANEDRÍN
GETSEMANÍ
DISCÍPULO
TRUENO

Juan

Investiga sobre Betsaida y dibuja un mapa del pueblo.

Si fueras tan audaz como Juan y Pedro, ¿cómo sería de diferente tu vida?

La vida de Juan me enseña...

Dibuja la transfiguración.

Ante el Sanedrín

Abre tu Biblia y lee Hechos 4:1-31.
Responde las preguntas. Colorea el dibujo.

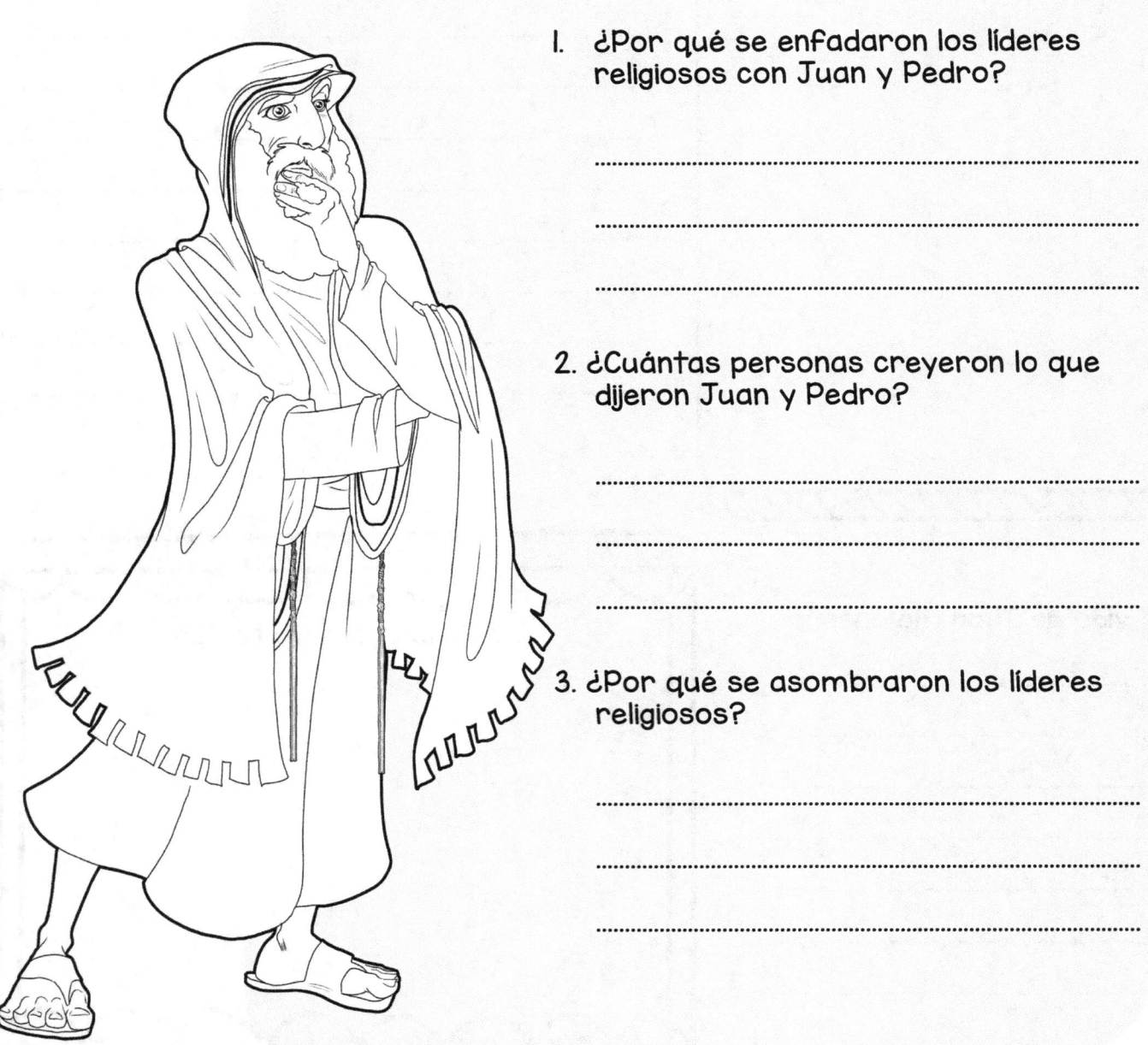

1. ¿Por qué se enfadaron los líderes religiosos con Juan y Pedro?

   ....
   ....
   ....

2. ¿Cuántas personas creyeron lo que dijeron Juan y Pedro?

   ....
   ....
   ....

3. ¿Por qué se asombraron los líderes religiosos?

   ....
   ....
   ....

La última cena

Antes de que el Mesías fuera crucificado, comió con Juan y Sus discípulos en un aposento alto de Jerusalén. En esta comida, el "discípulo al que Yeshua amaba" se sentó junto a Él. Era costumbre acostarse en los sofás durante las comidas, y este discípulo se apoyó en Yeshua. Muchos estudiosos de la Biblia creen que este discípulo era Juan. Lee Juan 13:1-17:26 y Lucas 22:1-38. Responde las preguntas.

1. ¿Por qué Yeshua y Sus discípulos estaban en Jerusalén?
2. ¿Quién asistió a la comida final de Yeshua en el aposento alto?
3. ¿Quiénes prepararon la comida?
4. Lee Lucas 22:14-23. ¿Qué hizo el Mesías?
5. ¿Qué disputa surgió entre los discípulos?

1. ....
2. ....
3. ....
4. ....
5. ....

Los romanos

Los romanos conquistaron Jerusalén en el año 63 a.C. y gobernaron Judea durante muchos años, incluyendo la época en la que vivían los discípulos. Utilizaron a líderes locales como Herodes el Grande para controlar al pueblo. La brutalidad romana formaba parte de la vida. Por ejemplo, un soldado romano podía obligar a una persona a cargar lo que necesitara mover durante una milla. Los romanos también utilizaban la crucifixión como forma de controlar a todo el mundo. A menudo se veían caminos llenos de personas crucificadas en cruces porque se habían opuesto al César, el emperador romano.

Los romanos cobraban a los hebreos todo tipo de impuestos, incluidos los de alimentos, los de circulación y los de sufragio. También tenían que hacer frente a los impuestos religiosos y de otros tipos aplicados por Herodes. Había impuestos sobre el agua, la vivienda y las ventas, e impuestos adicionales sobre artículos como la carne y la sal. También había un impuesto del templo para pagar el mantenimiento del templo en Jerusalén. Debido a estos impuestos, muchas familias hebreas eran muy pobres. En el año 66 d.C., el pueblo finalmente se hartó de los romanos. Lucharon contra los romanos hasta que estos capturaron Jerusalén y destruyeron el Templo en el año 70 d.C.

1. ¿Cómo controlaban los romanos al pueblo de Judea?

   ....

2. ¿Qué tipo de impuestos tenían que pagar los hebreos?

   ....

   ....

¡Colorea al soldado romano!

Mis notas bíblicas

Usa este espacio para escribir lo que Dios te mostró hoy:

....
....
....
....
....
....
....
....
....
....
....
....

Haz un dibujo de Juan.

PLAN DE LA LECCIÓN

Jacobo (hijo de Zebedeo)

1. Introducción:

¿Alguna vez has pescado? ¿Cómo fue? ¿Cómo atrapaste un pez? ¿Qué crees que quiso decir Yeshua cuando les dijo a Sus discípulos que serían pescadores de hombres (Mateo 4:19)?

2. Repaso del vocabulario clave:

- **DISCÍPULO:** una persona que sigue las enseñanzas de Yeshua y trata de aprender a ser como Él
- **PESCADOR:** alguien que pesca, especialmente como trabajo
- **REY HERODES:** rey de Judea
- **TRANSFIGURACIÓN:** el acto o proceso de transfigurar a alguien o algo, cambiando su apariencia de una manera espiritual

4. Preguntas de revisión:

1. ¿Cuándo y dónde se convirtió Jacobo (hijo de Zebedeo) en discípulo de Yeshua?
2. ¿Qué eventos importantes presenció Jacobo?
3. ¿Cuál fue el papel de Jacobo en la Iglesia primitiva?
4. ¿Cómo murió Jacobo?

3. Leer:

Mateo 4, 15, 17, 26-28; Marcos 3, 5, 10, 15; Lucas 5, 8, 9 y Hechos 1-2, 12. Resume los principales acontecimientos del viaje de Jacobo con el Mesías.

5. Actividades:

* Escritura creativa: Jacobo (hijo de Zebedeo)
* Hoja de trabajo: ¿Cuál es la palabra?
* Cuestionario de la Biblia: Jacobo (hijo de Zebedeo)
* Sopa de letras de la Biblia: Jacobo (hijo de Zebedeo)
* Hoja de trabajo: Jacobo (hijo de Zebedeo)
* Responde y colorea: Resurrección de la hija de Jairo
* Hoja de trabajo: Jacobo, el pescador
* Hoja de trabajo: Mártir de la fe
* Hoja de trabajo: Mis notas bíblicas

6. Conclusión:

1. ¿Qué lección(es) podemos aprender de la vida de Jacobo (hijo de Zebedeo)?
2. Termine la lección con una oración

Lee Mateo 4, 15, 17, 26-28; Marcos 3, 5, 10, 15; Lucas 5, 8, 9 y Hechos 1-2, 12. ¿Qué aprendiste sobre Jacobo (hijo de Zebedeo)?

Resume los eventos principales del viaje de Jacobo con el Mesías.

....
....
....
....
....
....
....

¿Cuál es la palabra?

Lee Mateo 17:1-8 (RVR1960). Usando las siguientes palabras, llena los espacios en blanco para completar el pasaje de la Biblia.

JACOBO	NUBE	DISCÍPULOS	RESPLANDECIÓ
MOISÉS	AMADO	OJOS	VOZ

" Seis días después, Yeshua tomó a Pedro, a .... y a Juan su hermano, y los llevó aparte a un monte alto; y se transfiguró delante de ellos, y .... Su rostro como el sol, y Sus vestidos se hicieron blancos como la luz. Y he aquí les aparecieron .... y Elías, hablando con Él. Entonces Pedro dijo a Yeshua: "Señor, bueno es para nosotros que estemos aquí; si quieres, hagamos aquí tres sucás, una para ti, otra para Moisés, y otra para Elías". Mientras él aún hablaba, una .... de luz los cubrió; y he aquí una .... desde la nube, que decía: "Este es Mi Hijo ...., en quien tengo complacencia; a Él oíd". Al oír esto los ...., se postraron sobre sus rostros, y tuvieron gran temor. Entonces Yeshua se acercó y los tocó, y dijo: "Levantaos, y no temáis". Y alzando ellos los ...., a nadie vieron sino a Yeshua solo. "

JACOBO
(hijo de Zebedeo)

Lee Mateo 4:18-22, 17:1-8, Marcos 3:17, 5:35-43, Lucas 9:51-56 y Hechos 12. Responde las siguientes preguntas.

1. ¿Quién se transfiguró ante Pedro, Jacobo y Juan?
2. ¿Qué hicieron los discípulos cuando escucharon una voz desde la nube?
3. ¿Quién era el hermano de Jacobo?
4. ¿Quién era el padre de Jacobo?
5. ¿Qué le preguntaron Jacobo y Juan a Yeshua en Lucas 9:51-56?
6. ¿Quién mandó a matar a Jacobo?
7. ¿Cómo fue asesinado Jacobo?
8. ¿Qué nombre les puso Yeshua a Jacobo y a Juan?
9. ¿De qué famoso maestro fue discípulo Jacobo?
10. ¿A la hija de quién resucitó Yeshua de entre los muertos?

JACOBO
(hijo de Zebedeo)

Lee Mateo 4:18-22, 17:1-8, Marcos 3:17, 5:35-43, Lucas 9:51-56 y Hechos 12. Encuentra y encierra en un círculo las siguientes palabras.

- APÓSTOL
- HERODES
- ZEBEDEO
- FE
- PESCADOR
- JAIRO
- JUAN
- GALILEA
- GETSEMANÍ
- TRANSFIGURACIÓN
- TRUENO
- DISCÍPULO

Jacobo (hijo de Zebedeo)

Jacobo fue asesinado por el rey Herodes porque...

Lee Mateo 26. Escribe una entrada de diario sobre la noche en Getsemaní.

La vida de Jacobo me enseña...

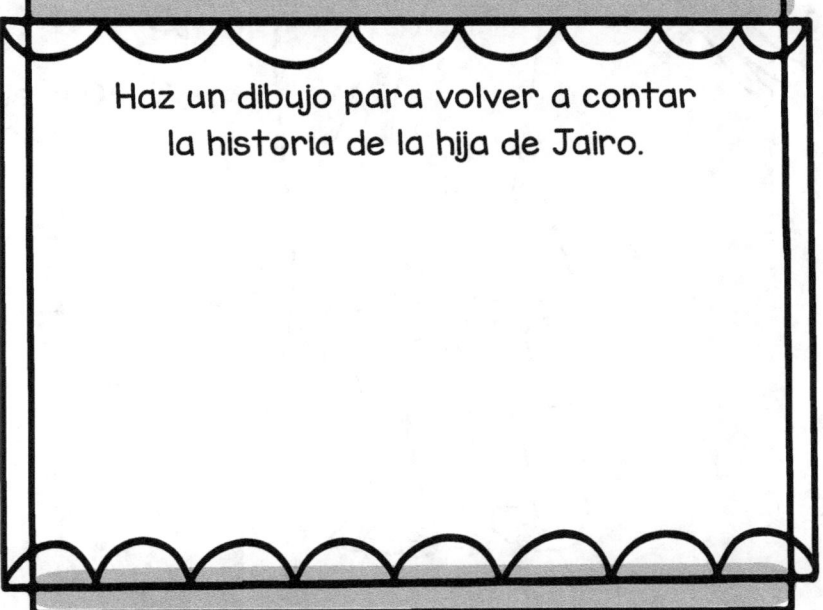

Haz un dibujo para volver a contar la historia de la hija de Jairo.

Resurrección de la hija de Jairo

Abre tu Biblia y lee Marcos 5.
Responde a las preguntas. Colorea el dibujo.

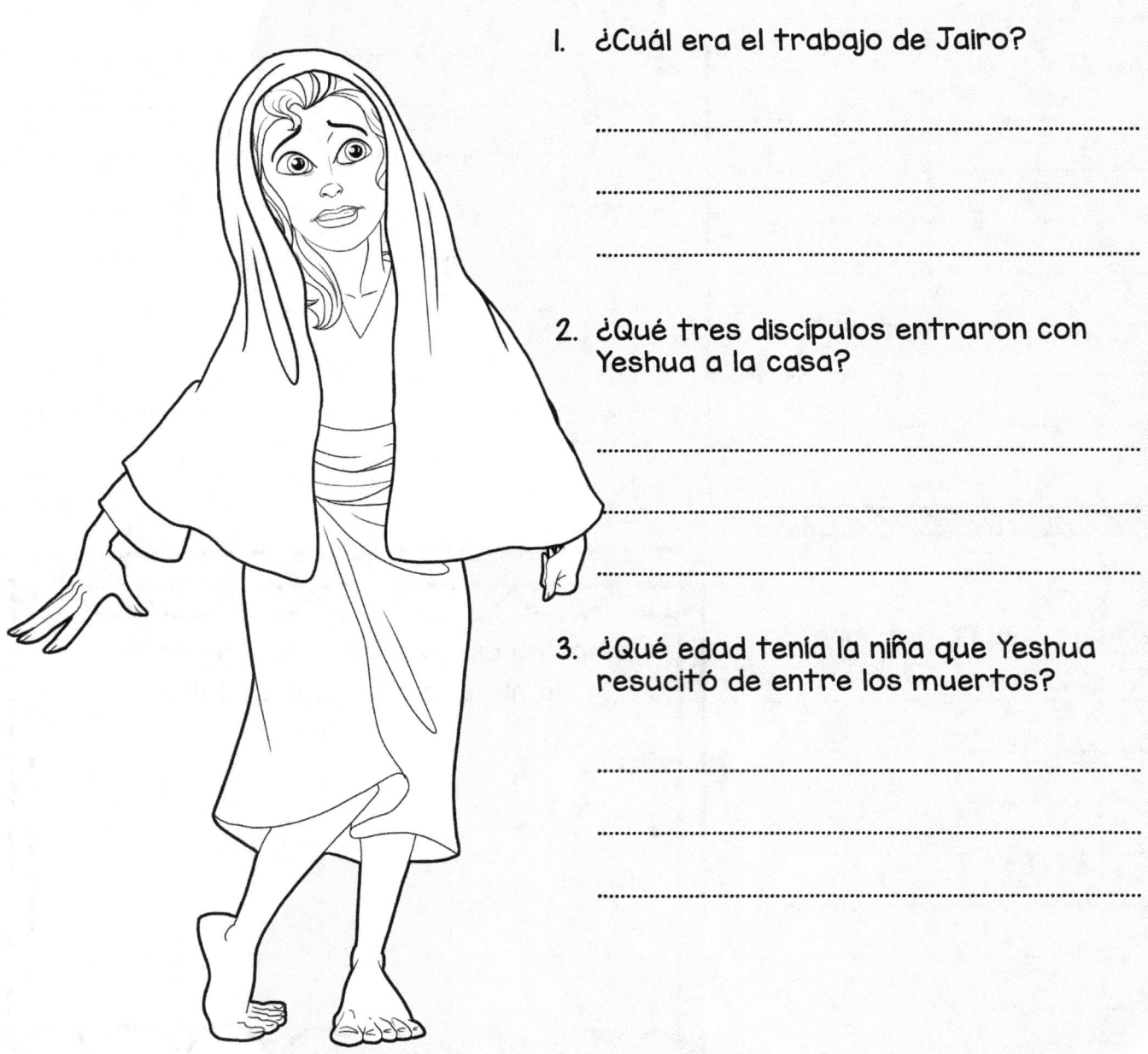

1. ¿Cuál era el trabajo de Jairo?
   _____
   _____
   _____

2. ¿Qué tres discípulos entraron con Yeshua a la casa?
   _____
   _____
   _____

3. ¿Qué edad tenía la niña que Yeshua resucitó de entre los muertos?
   _____
   _____
   _____

Jacobo, el pescador

Jacobo y su hermano Juan eran pescadores. Vivían cerca del mar de Galilea y se ganaban la vida pescando para vender en los mercados locales. Utilizando Internet o una enciclopedia, investiga y etiqueta las partes de un pez. Escribe tres datos curiosos sobre los peces en las siguientes líneas.

| 1. Boca | 3. Aleta pectoral | 5. Aleta caudal | 7. Escalas |
| 2. Ojo | 4. Aleta pélvica | 6. Aleta anal | 8. Aleta dorsal |

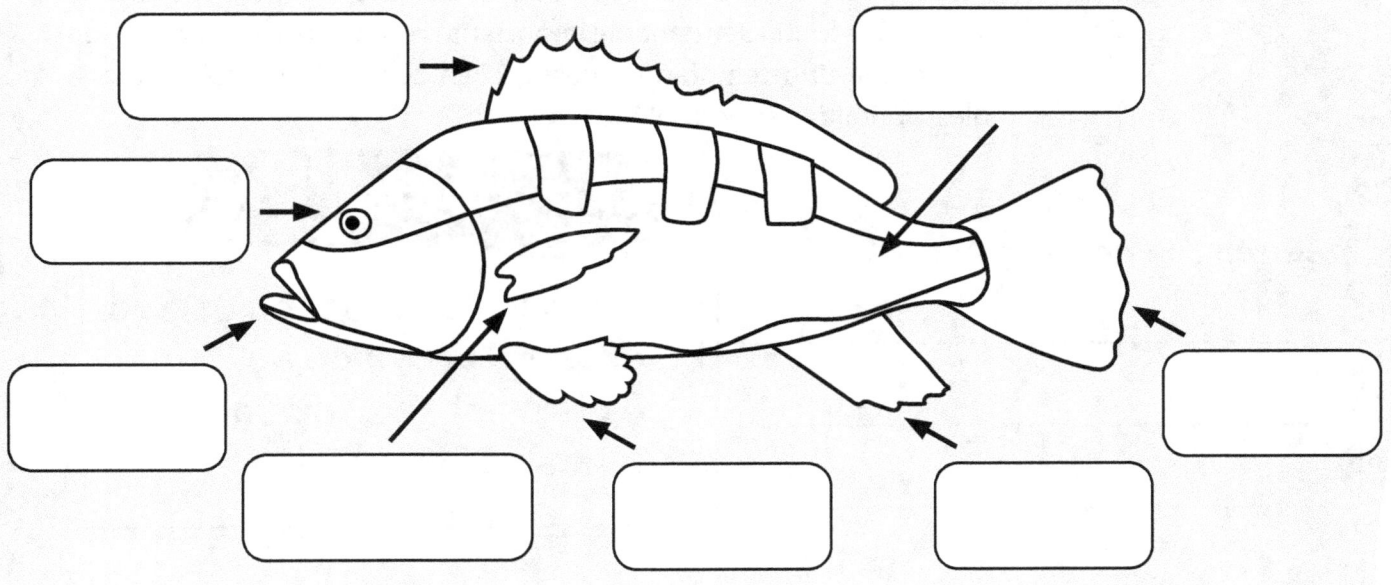

¡Datos curiosos sobre los peces!

....

....

....

Mártir de la fe

Lee Mateo 4, Marcos 1 y 3, Lucas 9 y Hechos 12 (RV1960). Responde las siguientes preguntas.

Jacobo, hijo de Zebedeo (llamado Santiago en otras ediciones de la Biblia), era discípulo de Yeshua. Era hijo de Zebedeo y Salomé, y hermano de Juan. Jacobo fue uno de los primeros hombres en convertirse en discípulo de Yeshua. Jacobo y Juan estaban con su padre a la orilla del mar cuando Yeshua los llamó para que Lo siguieran. En Lucas 9:56, Jacobo y Juan querían hacer descender fuego sobre un pueblo samaritano, pero Yeshua los reprendió, diciendo: "El Hijo del Hombre no vino para destruir la vida de los hombres, sino para salvarlos". Más tarde, Herodes Agripa mandó ejecutar a Jacobo a espada. Probablemente fue el primero de los discípulos martirizados por la fe. El hecho de que se le considerara lo suficientemente importante como para ser seleccionado para el martirio temprano muestra cuán central fue Jacobo para la iglesia primitiva en Jerusalén.

¿Quién fue Herodes Agripa?

....

....

....

¿Lo sabías?

El nombre Jacobo (en griego, Iakōbos) proviene de la palabra hebrea Ya'aqob (Génesis 25:26-27)

¿Por qué crees que los discípulos como Jacobo eran perseguidos por su fe?

....

....

....

....

Mis notas bíblicas

Usa este espacio para escribir lo que Dios te mostró hoy:

....
....
....
....
....
....
....
....
....
....
....
....
....

Haz un dibujo de Jacobo.

PLAN DE LA LECCIÓN

Judas Iscariote

1. Introducción:

¿Qué significa confiar en alguien? ¿Alguna vez alguien ha roto tu confianza? ¿Cómo te hizo sentir esto? ¿Crees que el Mesías sabía que Judas lo traicionaría?

2. Repaso del vocabulario clave:

- **DISCÍPULO:** una persona que sigue las enseñanzas de Yeshua y trata de aprender a ser como Él
- **TRAICIONAR:** no ser leal a una persona o país, hacer algo dañino a un amigo
- **SUMOS SACERDOTES:** un grupo de sacerdotes del templo de la tribu de Leví, una de las 12 tribus de Israel
- **ESCRITURAS:** en la época de Yeshua, las Escrituras eran el Antiguo Testamento

4. Preguntas de revisión:

1. ¿Qué crees que motivó a Judas a traicionar a Yeshua?
2. ¿Cómo la traición de Judas llevó a Yeshua a Su muerte?
3. ¿Qué pensó Judas que sucedería cuando traicionara al Mesías?
4. ¿Qué pasó con Judas después de su traición a Yeshua?

3. Leer:

Mateo 10, 26-28, Marcos 14, Lucas 6, 22, Juan 12-13 y Hechos 1. Resume los principales acontecimientos del viaje de Judas con el Mesías.

5. Actividades:

* Escritura creativa: Judas Iscariote
* Hoja de trabajo: ¿Cuál es la palabra?
* Cuestionario de la Biblia: Judas Iscariote
* Sopa de letras de la Biblia: Judas Iscariote
* Hoja de trabajo: Judas Iscariote
* Responde y colorea: Judas devuelve el dinero
* Hoja de trabajo de comprensión: Los líderes religiosos
* Hoja de trabajo: ¿Lo sabías?
* Hoja de trabajo: Mis notas bíblicas

6. Conclusión:

1. ¿Qué lección(es) podemos aprender de la vida de Judas Iscariote?
2. Termine la lección con una oración

Lee Mateo 10, 26-28, Marcos 14, Lucas 6, 22, Juan 12-13 y Hechos 1. ¿Qué aprendiste sobre Judas?

Resume los eventos principales del viaje de Judas con el Mesías.

....

....

....

....

....

....

....

¿Cuál es la palabra?

Lee Juan 18:3-11 (RVR1960). Usando las siguientes palabras, llena los espacios en blanco para completar el pasaje de la Biblia.

| SOLDADOS | YESHUA | PEDRO | HIRIÓ |
| FARISEOS | NAZARENO | SIERVO | JUDAS |

" Judas, pues, tomando una compañía de ...., y alguaciles de los principales sacerdotes y de los ...., fue allí con linternas y antorchas, y con armas. Pero Yeshua, sabiendo todas las cosas que le habían de sobrevenir, se adelantó y les dijo: "¿A quién buscáis?". Le respondieron: "A Yeshua el ....". Yeshua les dijo: "Yo soy". Y estaba también con ellos ...., el que le entregaba. Cuando les dijo: "Yo soy", retrocedieron, y cayeron a tierra. Volvió, pues, a preguntarles: "¿A quién buscáis?". Y ellos dijeron: "A Yeshua el nazareno". Respondió ....: "Os he dicho que Yo soy; pues si me buscáis a Mí, dejad ir a éstos; para que se cumpliese aquello que había dicho; de los que me diste, no perdí ninguno". Entonces Simón Pedro, que tenía una espada, la desenvainó, e .... al .... del sumo sacerdote, y le cortó la oreja derecha. Yeshua entonces dijo a ....: "Mete tu espada en la vaina; la copa que el Padre me ha dado, ¿no la he de beber?". "

JUDAS
Iscariote

Lee Lucas 6, Marcos 14:1-11, Juan 12:1-13:30, Lucas 22 y Mateo 10:1-6, 26:1-27:10. Responde las siguientes preguntas.

1. "No vayas a los gentiles ni entres en ninguna ciudad samaritana. Sino que vayan a las _____ perdidas de la Casa de Israel".

2. ¿Quién estaba a cargo de la caja de dinero?

3. ¿Quiénes le pagaron a Judas para que traicionara a Yeshua?

4. ¿Cuántas piezas de plata recibió Judas por traicionar a Yeshua?

5. ¿Qué le entregó Yeshua a Judas en la última cena?

6. ¿Quiénes vinieron con Judas a Getsemaní?

7. ¿Qué le hizo Judas a Yeshua en Getsemaní?

8. ¿Dónde tiró Judas la plata que le pagaron por traicionar a Yeshua?

9. ¿Dónde se ahorcó Judas?

10. ¿Qué profeta profetizó la traición de Yeshua?

JUDAS Iscariote

Lee Lucas 6, Marcos 14:1-11, Juan 12:1-13:30, Lucas 22 y Mateo 10:1-6, 26:1-27:10. Encuentra y encierra en un círculo las siguientes palabras.

PASCUA
JUDAS ISCARIOTE
TRAICIÓN
BESO
TEMPLO
PLATA
TREINTA PIEZAS
JERUSALÉN
DINERO
SANTUARIO
GETSEMANÍ
DISCÍPULO

Judas Iscariote

Dibuja a Judas traicionando a Yeshua en el jardín de Getsemaní.

Judas traicionó a Yeshua porque…

La vida de Judas me enseña…

Si la vida de Judas fuera un libro, la portada se vería así…

Judas devuelve el dinero

Los siclos de Tiro eran monedas de Tiro y eran la única moneda aceptada en el templo de Jerusalén. Los estudiosos de la Biblia aceptan ampliamente que los líderes religiosos pagaron a Judas siclos de Tiro (30 piezas de plata) para que traicionara al Mesías. Los siclos y medios siclos de plata de Tiro se acuñaron a partir de c. 126 a.C. hasta c. 57 d.C.

Lee Mateo 27. Responde las preguntas.

1. ¿Cuánta plata regresó Judas a los sacerdotes?

   ....
   ....
   ....
   ....

2. ¿Dónde tiró Judas la plata?

   ....
   ....
   ....
   ....

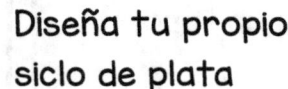

Diseña tu propio siclo de plata

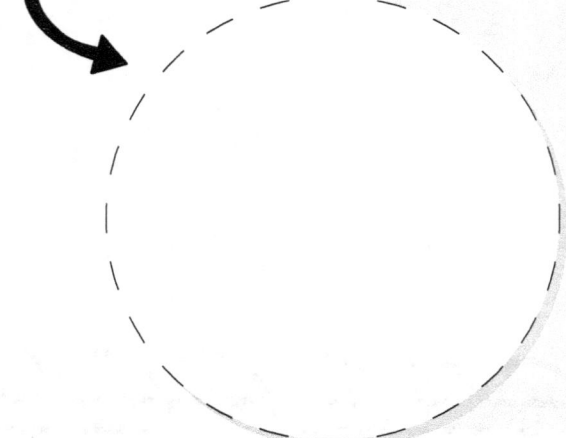

3. ¿Por qué los sacerdotes no pusieron la plata en el tesoro?

   ....
   ....
   ....
   ....

Los líderes religiosos

Judas se dirigió a los sumos sacerdotes y a los oficiales de la guardia del templo y discutió con ellos cómo podría traicionar a Yeshua (Lucas 22:4). En la Judea del siglo I, los líderes religiosos del templo de Jerusalén eran hombres importantes y poderosos. No solo dictaban normas sobre la vida religiosa del pueblo hebreo, sino que también eran gobernantes y jueces. El Sanedrín (consejo judío) era el tribunal supremo del antiguo Israel, formado por setenta hombres y un sumo sacerdote. En la época de los discípulos, el Sanedrín se reunía en el templo de Jerusalén todos los días, excepto durante las fiestas y el Sabbat.

Muchos líderes religiosos (como los jefes de los sacerdotes y el sumo sacerdote) vivían con lujos. Financiaban sus lujosos estilos de vida con un impuesto del templo que el pueblo hebreo tenía que pagar. Estos impuestos del templo, combinados con los impuestos de Herodes y Roma, eran una enorme carga que mantenía a mucha gente en la pobreza. No es de extrañar que los hebreos esperaran ansiosamente un Salvador que derrocara a los gobernantes romanos y recuperara el cetro para convertirse en el verdadero rey gobernante de Israel.

1. ¿Por qué eran tan poderosos los líderes religiosos?

2. ¿Por qué crees que el pueblo hebreo esperaba ansiosamente un Salvador?

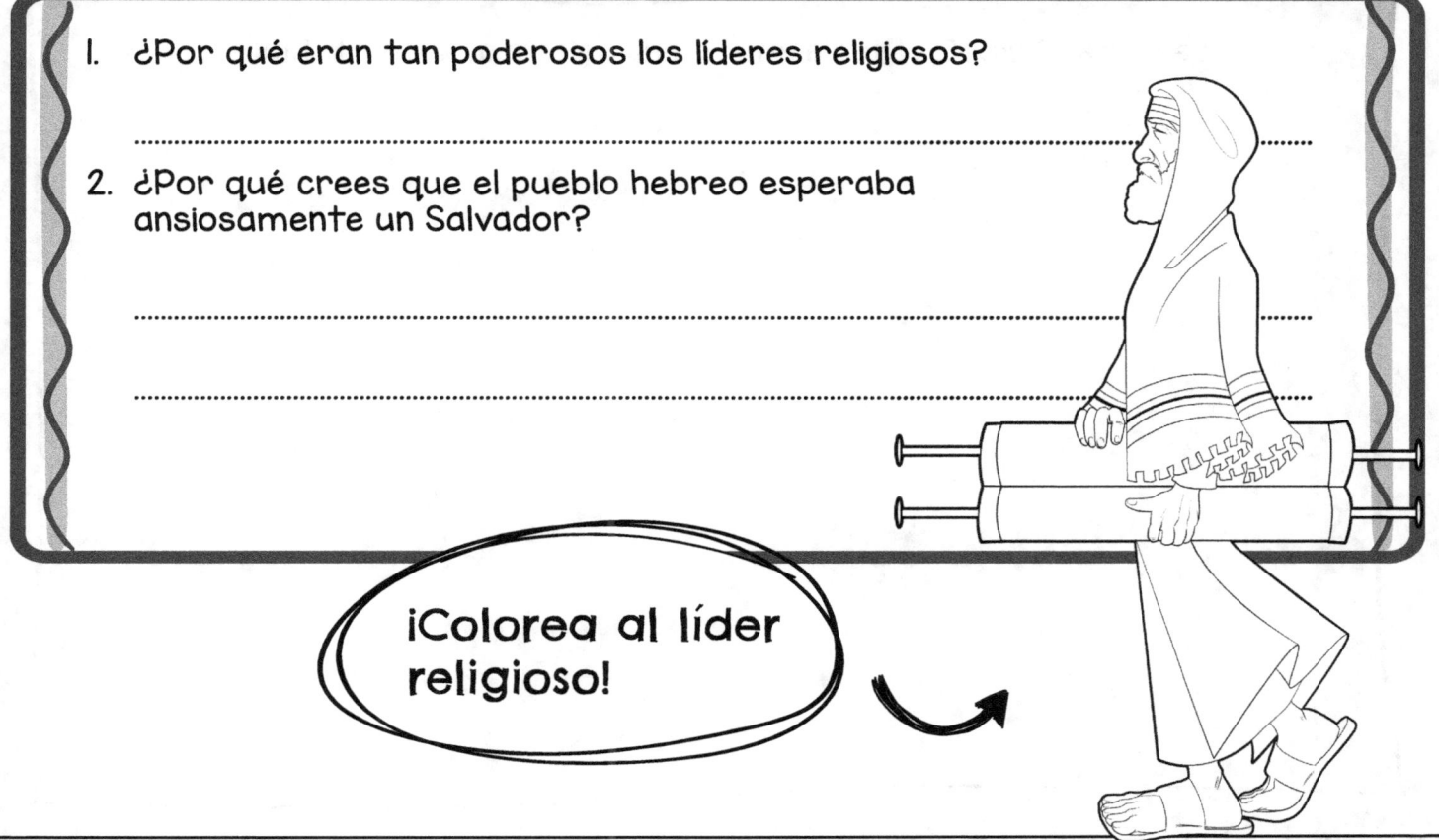

¡Colorea al líder religioso!

Algunos estudiosos de la Biblia creen que Judas traicionó a Yeshua porque estaba decepcionado de que Yeshua no hubiera derrocado a los gobernantes romanos. Judas creía que al arreglar el arresto de Yeshua, podría forzar a Yeshua a revelarse como el próximo rey de Israel. No entendió las Escrituras que mostraban que Yeshua vendría como un siervo sufriente (Isaías 53). Cuando Yeshua regrese, vendrá como el León de la tribu de Judá (Apocalipsis 5:5).

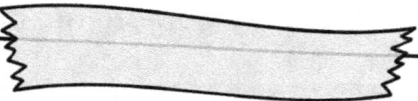

Lee Lucas 22:47-53. Dibuja una escena de este pasaje de la Biblia.

Mis notas bíblicas

Usa este espacio para escribir lo que Dios te mostró hoy:

....
....
....
....
....
....
....
....
....
....
....
....

Haz un dibujo de Judas.

PLAN DE LA LECCIÓN

Tomás

1. Introducción:

Pida a cada niño que describa tres o cuatro datos sobre sí mismo. De estos datos, dos serán verdaderos y los otros dos serán falsos. Pida a otros niños que adivinen cuáles dos datos son verdaderos. ¿Por qué crees que a Tomás le costaba creer que el Mesías estaba vivo?

2. Repaso del vocabulario clave:

- **DISCÍPULO:** una persona que sigue las enseñanzas de Yeshua y trata de aprender a ser como Él
- **DUDA:** no estar seguro de algo
- **RESURRECCIÓN:** traer a alguien (por ejemplo, el Mesías) de vuelta a la vida o al uso o existencia
- **CREER:** pensar que algo es verdadero, correcto o real

4. Preguntas de revisión:

1. ¿Por qué crees que Tomás se mostró escéptico cuando Yeshua regresó a Betania para resucitar a Lázaro de entre los muertos?
2. ¿Qué hizo Tomás cuando Yeshua se les apareció por primera vez a los discípulos después de Su resurrección?
3. ¿Qué dijo Tomás cuando le dijeron sobre la resurrección de Yeshua?
4. ¿Por qué Yeshua le dijo a Tomás que pusiera su mano en Su costado?

3. Leer:

Mateo 10, 26-28, Marcos 3, Lucas 18, Juan 11, 14, 20 y Hechos 1-2. Resume los principales acontecimientos del viaje de Tomás con el Mesías.

5. Actividades:

- Escritura creativa: Tomás
- Hoja de trabajo: ¿Cuál es la palabra?
- Cuestionario de la Biblia: Tomás
- Sopa de letras de la Biblia: Tomás
- Hoja de trabajo: Tomás
- Hoja de trabajo: Empareja las escrituras
- Hoja de trabajo: ¡Ha resucitado!
- Hoja de trabajo: El Tiempo de Jerusalén
- Hoja de trabajo: Mis notas bíblicas

6. Conclusión:

1. ¿Qué lección(es) podemos aprender de la vida de Tomás?
2. Termine la lección con una oración

Lee Mateo 10, 26-28; Marcos 3, Lucas 18, Juan 11, 14, 20 y Hechos 1-2. ¿Qué aprendiste sobre Tomás?

Resume los eventos principales del viaje de Tomás con el Mesías.

....

....

....

....

....

....

....

¿Cuál es la palabra?

Lee Juan 14:1-7 (RVR1960). Usando las siguientes palabras, llena los espacios en blanco para completar el pasaje de la Biblia.

| CORAZÓN | PADRE | VERDAD | CONOCÉIS |
| PREPARARE | CASA | DIOS | CAMINO |

"No se turbe vuestro ....; creéis en ...., creed también en Mí. En la .... de Mi Padre muchas moradas hay; si así no fuera, Yo os lo hubiera dicho; voy, pues, a preparar lugar para vosotros. Y si me fuere y os .... lugar, vendré otra vez, y os tomaré a Mí mismo, para que donde yo estoy, vosotros también estéis. Y sabéis a dónde voy, y sabéis el ....". Le dijo Tomás: "Señor, no sabemos a dónde vas; ¿cómo, pues, podemos saber el camino?". Yeshua le dijo: "Yo soy el camino, y la ...., y la vida; nadie viene al ...., sino por Mí. Si me conocieseis, también a Mi Padre conoceríais; y desde ahora le ...., y le habéis visto".

TOMÁS

Lee Mateo 10:14, Juan 11:1-16, 14:5, 20:1-26, Marcos 3 y Hechos 1. Responde las siguientes preguntas.

1. "Si alguien no te recibe o no te escucha, sacude el _____ de tus pies cuando salgas de esa casa o ciudad".

2. ¿Qué pregunta le hizo Tomás a Yeshua en Juan 14:5?

3. ¿Cuántos apóstoles nombró Yeshua en Marcos 3?

4. ¿Cuál es otro nombre para Tomás?

5. ¿A quién resucitó Yeshua de la tumba?

6. ¿Qué dijo Tomás a sus compañeros discípulos en Juan 11:16?

7. ¿Qué necesitaba ver Tomás para creer que Yeshua había resucitado de la tumba?

8. ¿Cómo se presentó Yeshua a los discípulos en Juan 20:26?

9. ¿Qué le dijo Yeshua a Tomás?

10. ¿A quién eligieron Tomás y los discípulos para sustituir a Judas?

TOMÁS

Lee Mateo 10:14, Juan 11:1-16, 14:5, 20:1-26, Marcos 3 y Hechos 1. Encuentra y encierra en un círculo las siguientes palabras.

- COSTADO
- HEBREO
- CREER
- TOMÁS
- DUDA
- MANOS
- GEMELO
- RESURRECCIÓN
- ISRAELITA
- LÁZARO
- JERUSALÉN
- DISCÍPULO

Tomás

¿Cómo describirías el carácter de Tomás?

....
....
....
....
....
....
....
....

Lee Mateo 10:5-15. ¿Qué instrucciones les dio Yeshua a los doce apóstoles?

....
....
....
....
....
....
....
....

La vida de Tomás me enseña...

....
....
....
....
....

Haz un dibujo para volver a contar la historia de Tomás el incrédulo.

Empareja las escrituras

El apóstol Tomás, también conocido como Dídimo ("gemelo"), fue uno de los doce discípulos del Mesías. Tomás es comúnmente conocido como "Tomás el que duda" o "Tomás el incrédulo", porque inicialmente dudó de la resurrección de Yeshua cuando se lo dijeron. Empareja el versículo de la Biblia con la escritura correcta para aprender más sobre Tomás.

"Señor, no sabemos a dónde vas; ¿cómo, pues, podemos saber el camino?". Yeshua le dijo: "Yo soy el camino, y la verdad, y la vida; nadie viene al Padre, sino por Mí".

Juan 11:16

"Si no viere en sus manos la señal de los clavos, y metiere mi dedo en el lugar de los clavos, y metiere mi mano en su costado, no creeré".

Juan 14:5-6

"Vamos también nosotros, para que muramos con él".

Lucas 6:13-16

"Y cuando era de día, llamó a sus discípulos, y escogió a doce de ellos, a los cuales también llamó apóstoles: a Simón, a quien también llamó Pedro, a Andrés su hermano, Jacobo y Juan, Felipe y Bartolomé, Mateo, Tomás...".

Juan 20:25

¡Ha resucitado!

Lee Juan 20:1-31.
Responde las preguntas.

¿Qué necesitaba ver Tomás para creer que Yeshua había resucitado?

_____

_____

¿Cuántos días después se les apareció Yeshua a los discípulos?

_____

_____

¿Qué hizo Yeshua para ayudar a Tomás a creer que había resucitado de la tumba?

_____

_____

Lee Lucas 24. ¿En qué ciudad Yeshua se les apareció por primera vez a Sus once discípulos después de resucitar de la tumba? Encierra en un círculo la ciudad en el mapa.

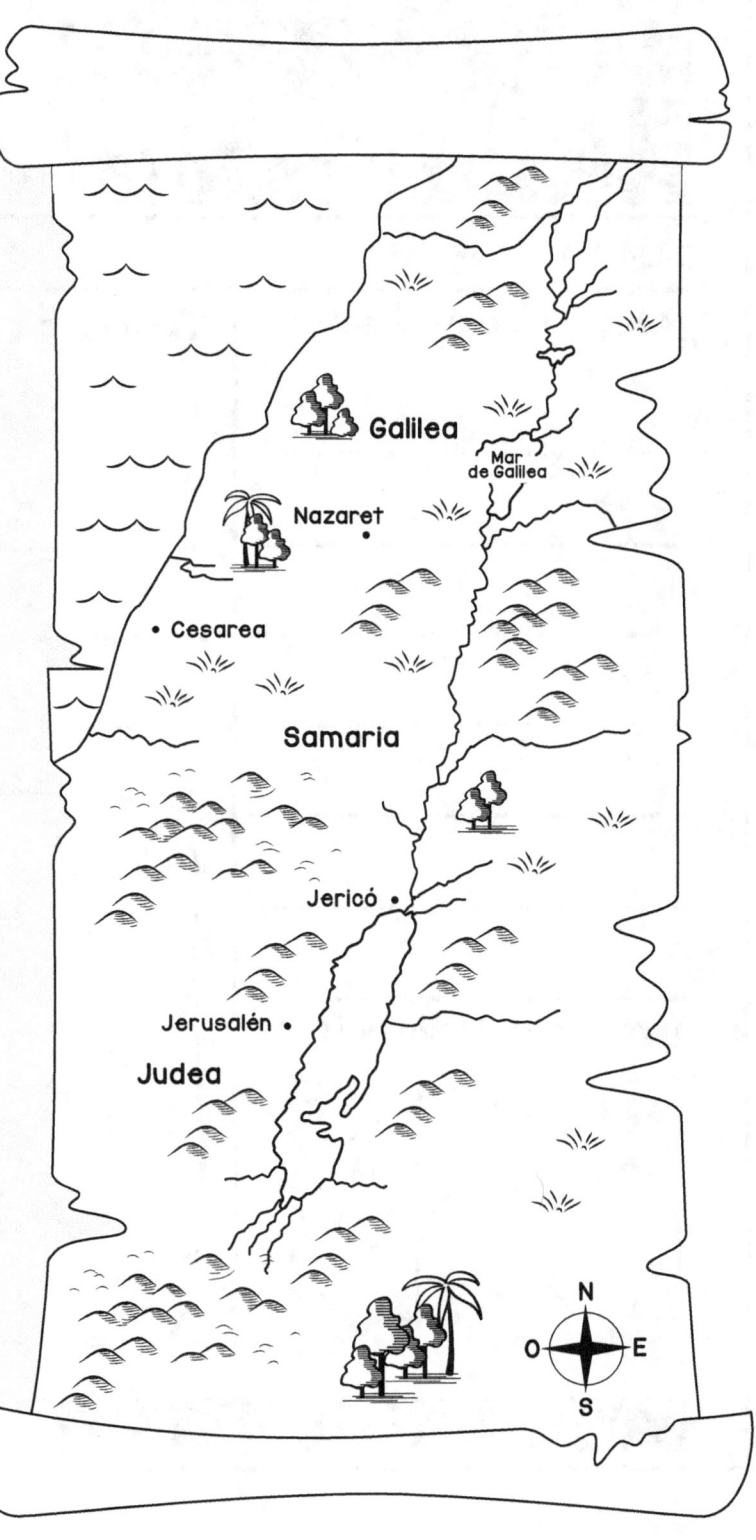

Ciudad de Jerusalén

El Tiempo de Jerusalén

TIERRA DE ISRAEL · UNA PUBLICACIÓN DEL DISCIPULADO

¡Mesías resucitado!

....
....
....
....
....
....

Tumba del jardín abierta

Tomás duda de la resurrección

....
....
....
....

Mis notas bíblicas

Usa este espacio para escribir lo que Dios te mostró hoy:

....
....
....
....
....
....
....
....
....
....
....
....
....

Haz un dibujo de Tomás.

PLAN DE LA LECCIÓN

Bartolomé

1. Introducción:

¿Entiendes el significado del término "discípulo"? ¿Te consideras un seguidor del Mesías? Si es así, ¿por qué?

2. Repaso del vocabulario clave:

- **DISCÍPULO:** una persona que sigue las enseñanzas de Yeshua y trata de aprender a ser como Él

- **APÓSTOL:** "uno que es enviado", una persona que viaja a lugares para hablar a la gente sobre el Mesías

- **AUTORIDAD:** el poder o derecho de dar órdenes y tomar decisiones

- **NOMBRAR:** asignar un trabajo o rol a alguien

4. Preguntas de revisión:

1. ¿Cómo se convirtió Bartolomé en discípulo del Mesías?
2. Bartolomé era israelita. ¿Quién es Israel?
3. ¿Cómo crees que reaccionó Bartolomé al ver al Mesías resucitado en el aposento alto de Jerusalén?
4. ¿Qué les dijo Yeshua a Bartolomé y a los discípulos que no adquirieran?

3. Leer:

Mateo 10, 26-28, Marcos 2-3, Lucas 6, Juan 1-2 y Hechos 1-2. Resume los principales acontecimientos del viaje de Bartolomé con el Mesías.

5. Actividades:

* Escritura creativa: Bartolomé
* Hoja de trabajo: ¿Cuál es la palabra?
* Cuestionario de la Biblia: Bartolomé
* Sopa de letras de la Biblia: Bartolomé
* Hoja de trabajo: Bartolomé
* Hoja de trabajo: Carreteras romanas
* Hoja de trabajo: Discípulo por un día
* Hoja de trabajo: Casa israelita
* Hoja de trabajo: Mis notas bíblicas

6. Conclusión:

1. ¿Qué lección(es) podemos aprender de la vida de Bartolomé?
2. Termine la lección con una oración

Lee Mateo 10, 26-28, Marcos 2-3, Lucas 6, Juan 1-2 y Hechos 1-2. ¿Qué aprendiste sobre Bartolomé?

Resume los eventos principales del viaje de Bartolomé con el Mesías.

....

....

....

....

....

....

....

¿Cuál es la palabra?

Lee Mateo 10:1-4 (RVR1960). Usando las siguientes palabras, llena los espacios en blanco para completar el pasaje de la Biblia.

| DOCE | ENFERMEDAD | HIJO | APÓSTOLES |
| INMUNDOS | BARTOLOMÉ | ENTREGÓ | JUDAS |

"Entonces llamando a Sus .... discípulos, les dio autoridad sobre los espíritus ...., para que los echasen fuera, y para sanar toda .... y toda dolencia. Los nombres de los doce .... son estos: primero Simón, llamado Pedro, y Andrés su hermano; Jacobo .... de Zebedeo, y Juan su hermano; Felipe, ..., Tomás, Mateo el publicano, Jacobo hijo de Alfeo, Lebeo, por sobrenombre Tadeo, Simón el cananista, y .... Iscariote, el que también le ...."

BARTOLOMÉ

Lee Mateo 10:1-24, Marcos 3, Lucas 6:12-16, Juan 2:1-12 y Hechos 1:1-26. Responde las siguientes preguntas.

1. ¿A cuántos apóstoles dio Yeshua autoridad sobre los espíritus inmundos?

2. ¿A dónde les dijo Yeshua a Bartolomé y a los otros apóstoles que fueran?

3. ¿Qué les dijo Yeshua a los apóstoles que no adquirieran?

4. ¿A quiénes llamó Yeshua para que se unieran a él en la montaña?

5. ¿Qué dijeron dos hombres a Bartolomé y a los discípulos en Hechos 1:11?

6. ¿Dónde subió Yeshua al cielo?

7. ¿A qué ciudad regresaron los discípulos después de que Yeshua subiera al cielo?

8. ¿A quién eligieron Bartolomé y los discípulos para sustituir a Judas?

9. "El _____ no es más que su maestro, ni el siervo más que su señor".

10. ¿Qué convirtió Yeshua en vino durante las bodas de Caná?

BARTOLOMÉ

Lee Mateo 10:1-24, Marcos 3, Lucas 6:12-16, Juan 2:1-12 y Hechos 1:1-26. Encuentra y encierra en un círculo las siguientes palabras.

```
M Z C Y G M H J C X J A G Y O
R D L E B A Y I O O E V C E V
P Y P W A N L O K K F M K S E
M A T E O I D I Y V K O O H J
Z P K H R Y Z M L O G W J U A
S C Q I H X M Q O E C P L A P
S J D P X Y M U B N A R X J E
J N E S B Q S W E H T A S E R
I S R A E L I T A Q E A O C D
X D X J K I Z V G C A L Ñ V I
B A R T O L O M É A X N I A D
A P Ó S T O L Z B N B O D A A
L F K V F P Q W K Á T U D K G
D I S C Í P U L O D J V A M C
K I K D C I E L O D I W Z C E
```

BODA

APÓSTOL

OVEJA PERDIDA

BARTOLOMÉ

MATEO

CANÁ

MONTAÑA

ISRAELITA

CIELO

GALILEA

YESHUA

DISCÍPULO

Bartolomé

Dibuja un mapa del pueblo de Caná.

Enumera cuatro lugares de la Biblia en los que puedas encontrar a Bartolomé.

....
....
....
....
....
....
....
....

La vida de Tomás me enseña...

....
....
....
....
....

Si la ascensión de Yeshua fuera un libro, la portada se vería así...

Carreteras romanas

En los tiempos del ministerio de Yeshua, los romanos habían gobernado las tierras de Judea y Siria durante muchos años. Construyeron una red de carreteras que se extendía hasta la tierra de Egipto. Su objetivo principal era permitir el movimiento de tropas y suministros militares. Las carreteras también se utilizaron para el turismo, la salud y el transporte de mercancías. Yeshua y Sus discípulos habrían caminado por las carreteras romanas durante sus viajes por la tierra de Israel, Asia Menor y más allá.

Los romanos eran expertos en la construcción de caminos, a los que llamaban viae. A las personas se les permitía caminar o conducir ganado, vehículos o tráfico de cualquier tipo a lo largo de la carretera. Por ley, el ancho mínimo de una viae era de 2,4 metros en línea recta y de 4,9 metros en sentido de giro. Para asegurarse de que los caminos fueran rectos, los romanos utilizaron dos dispositivos principales: una vara y una herramienta de madera llamada groma, que les ayudaba a obtener ángulos rectos. El autor griego Plutarco escribió: "Los caminos cruzaban directamente el campo. Estaban pavimentados con piedra labrada y reforzados con bancos de arena apisonada. Se rellenaron los huecos y se puentearon todos los ríos o barrancos que atravesaban la ruta. Ambos lados eran de igual y correspondiente altura, de modo que el trabajo en todas partes era parejo y hermoso en apariencia" (Vidas de Plutarco).

1. Lee los relatos evangélicos de la vida de Yeshua. Menciona cinco lugares donde viajó con Sus apóstoles.

   ....

   ....

   ....

2. ¿Cuántos apóstoles nombró Yeshua? (Marcos 3)

   ....

3. ¿Qué autoridad les dio Yeshua a Bartolomé y a los apóstoles para hacer? (Marcos 3)

   ....

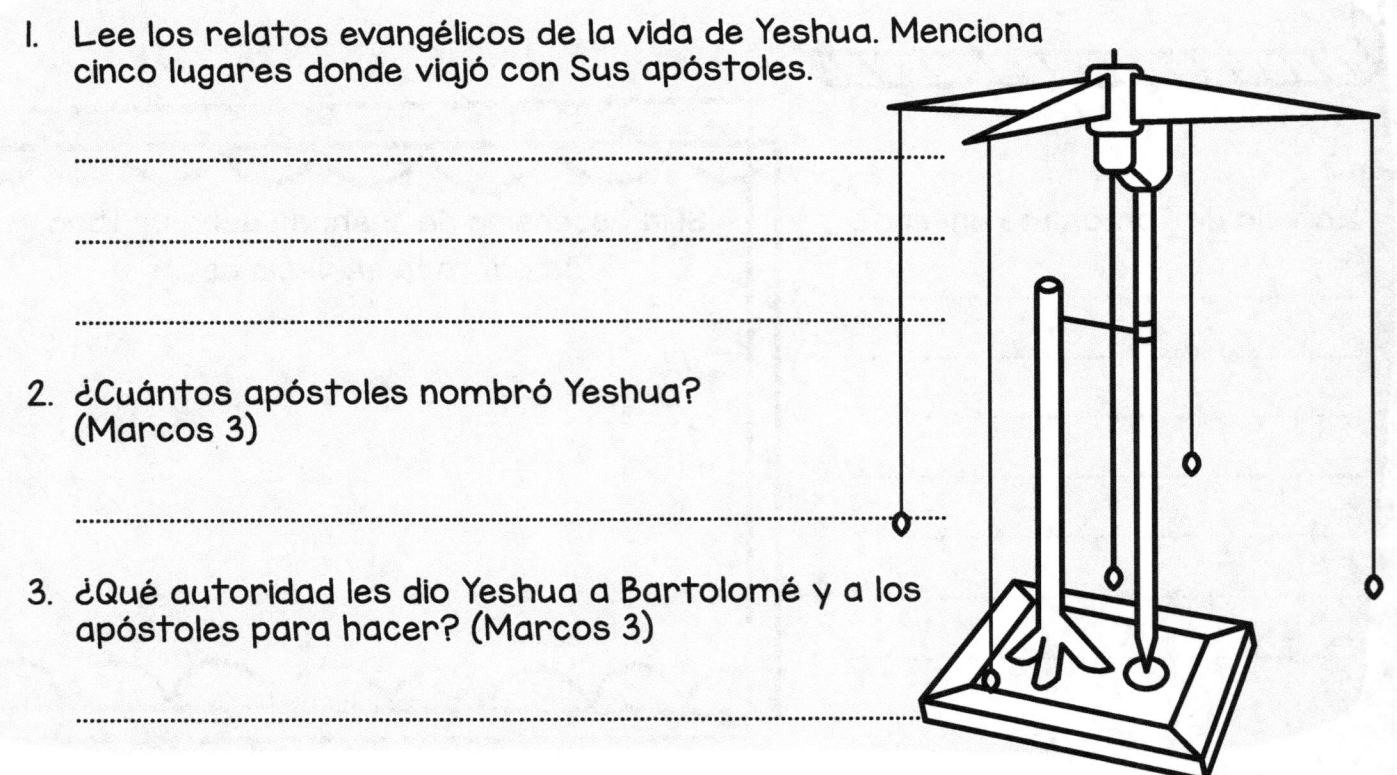

Si fuera discípulo por un día...

Imagina que eres uno de los discípulos de Yeshua. ¿Cómo le servirías? Piensa en la vida en el antiguo Israel y escribe sobre tu día como discípulo del Mesías.

¿Qué harías si fueras discípulo por un día?

Casa israelita

En la época de los discípulos, muchas casas israelitas eran pequeñas y sencillas. Se construían con ladrillos de barro o piedra y los techos se hacían con ramas o paja cubierta con arcilla. Cuando se incluyó una planta alta, los habitantes la utilizaron como vivienda, mientras que la planta baja se utilizó como establo para el ganado y para almacenamiento. Unas escaleras, casi siempre de madera, conducían al techo. Las habitaciones interiores podían ser pequeñas y oscuras, por lo que el patio y el techo eran partes importantes de la casa, que se usaban para trabajos como la preparación de alimentos, el hilado y el tejido. Hubo múltiples variaciones en la casa básica; algunas tenían un diseño de cinco, tres o dos habitaciones y, a veces, las habitaciones estaban divididas por paredes adicionales en áreas más pequeñas. Por la noche, los animales domésticos se guardaban en el área del establo para mantenerlos a salvo de animales y ladrones.

1. ¿Qué opinas? ¿Habrán vivido Bartolomé y los discípulos en este tipo de hogar? ¿Por qué sí / por qué no?

   ....

   ....

2. ¿Por qué los animales domésticos se mantenían adentro durante la noche? ¿Por qué esto era importante?

   ....

   ....

¡Colorea la casa israelita!

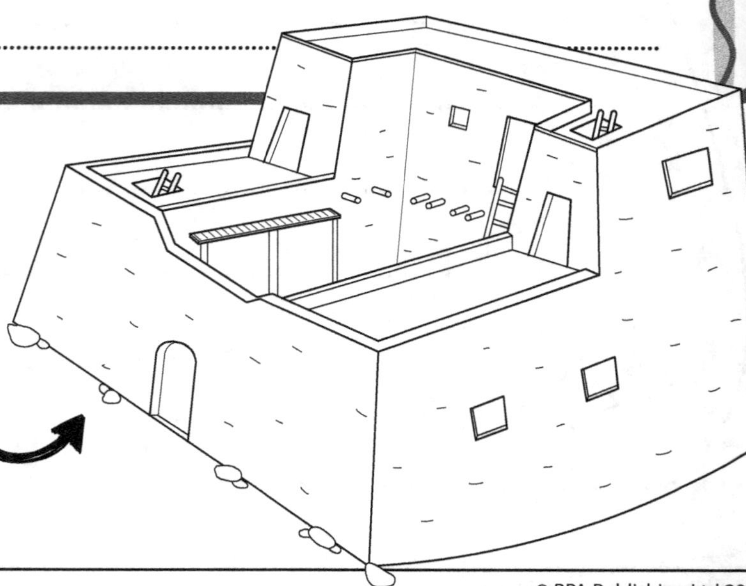

Mis notas bíblicas

Usa este espacio para escribir lo que Dios te mostró hoy:

....
....
....
....
....
....
....
....
....
....
....
....
....

Haz un dibujo de Bartolomé.

PLAN DE LA LECCIÓN

Jacobo (hijo de Alfeo)

1. Introducción:

¿Has jugado al juego de "seguir al líder"? El objetivo del juego es que una persona asuma el liderazgo y el resto de los jugadores imiten todos sus movimientos. Los seguidores aspiran a ser como el líder, replicando sus acciones con precisión. Demos un paseo y hablemos sobre lo que significa liderar y lo que significa seguir.

2. Repaso del vocabulario clave:

- **DISCÍPULO:**
  una persona que sigue las enseñanzas de Yeshua y trata de aprender a ser como Él
- **MATÍAS:**
  el hombre que reemplazó a Judas Iscariote como uno de los 12 discípulos
- **ASCENSIÓN:**
  la acción de subir de la tierra al cielo
- **UNGIR:**
  elegir a alguien para un trabajo en particular, generalmente por alguien con autoridad; verter o frotar con aceite en la cabeza de alguien

4. Preguntas de revisión:

1. ¿Cómo se convirtió Jacobo en discípulo del Mesías?
2. ¿Puedes nombrar cuatro eventos famosos en los que estuvo presente Jacobo?
3. ¿Qué les dio Yeshua a Jacobo y a los discípulos el poder de hacer?
4. ¿Por qué Jacobo y los discípulos eligieron a un discípulo para reemplazar a Judas?

3. Leer:

Mateo 10, 15, 26-28; Marcos 3, 6, 15; Lucas 6 y Hechos 1-2. Resume los principales acontecimientos del viaje de Jacobo con el Mesías.

5. Actividades:

* Escritura creativa: Jacobo (hijo de Alfeo)
* Hoja de trabajo: ¿Cuál es la palabra?
* Cuestionario de la Biblia: Jacobo (hijo de Alfeo)
* Sopa de letras de la Biblia: Jacobo (hijo de Alfeo)
* Hoja de trabajo: Jacobo (hijo de Alfeo)
* Hoja de trabajo: Templo en Jerusalén
* Hoja de trabajo: Ordena los nombres de los 12 discípulos
* Página para colorear: Viajes de los discípulos
* Hoja de trabajo: Mis notas bíblicas

6. Conclusión:

1. ¿Qué lección(es) podemos aprender de la vida de Jacobo (hijo de Alfeo)?
2. Termine la lección con una oración

Lee Mateo 10, 15, 26-28; Marcos 3, 6, 15; Lucas 6 y Hechos 1-2. ¿Qué aprendiste sobre Jacobo (hijo de Alfeo)?

Resume los eventos principales del viaje de Jacobo con el Mesías.

....

....

....

....

....

....

¿Cuál es la palabra?

Lee Hechos 1:4-11 (RVR1960). Usando las siguientes palabras, llena los espacios en blanco para completar el pasaje de la Biblia.

JERUSALÉN	PADRE	GALILEOS	PODER
ESPÍRITU SANTO	TESTIGOS	CIELO	REINO

"Y estando juntos, les mandó que no se fueran de ...., sino que esperasen la promesa del Padre, la cual, les dijo, "oísteis de Mí. Porque Juan ciertamente bautizó con agua, mas vosotros seréis bautizados con el .... dentro de no muchos días". Entonces los que se habían reunido le preguntaron, diciendo: "Señor, ¿restaurarás el .... a Israel en este tiempo?". Y les dijo: "No os toca a vosotros saber los tiempos o las sazones, que el .... puso en su sola potestad; pero recibiréis ...., cuando haya venido sobre vosotros el Espíritu Santo, y me seréis .... en Jerusalén, en toda Judea, en Samaria, y hasta lo último de la tierra". Y habiendo dicho estas cosas, viéndolo ellos, fue alzado, y le recibió una nube que le ocultó de sus ojos. Y estando ellos con los ojos puestos en el cielo, entre tanto que él se iba, he aquí se pusieron junto a ellos dos varones con vestiduras blancas, los cuales también les dijeron: "Varones ...., ¿por qué estáis mirando al ....? Este mismo Yeshua, que ha sido tomado de vosotros al cielo, así vendrá como le habéis visto ir al cielo"."

JACOBO
(hijo de Alfeo)

Lee Mateo 10:1-15, 15:2-3, Marcos 3:18, 15:1-40, Lucas 6:12-16 y Hechos 1:1-26. Responde las siguientes preguntas.

1. ¿Dónde fue crucificado Yeshua?
2. ¿Quién era la madre de Jacobo?
3. ¿A quién eligieron Jacobo y los discípulos para sustituir a Judas?
4. ¿Qué instrucciones dio Yeshua a Jacobo y a los apóstoles en Mateo 10:5-8?
5. ¿De qué acusaron los fariseos a Jacobo y a los discípulos?
6. ¿Qué dijo Yeshua a estos fariseos?
7. ¿Cuántos apóstoles eligió Yeshua en Lucas 6:12-16?
8. ¿Quiénes fueron invitados a las bodas de Caná? (Juan 21)
9. ¿Quién era el padre de Jacobo?
10. ¿Quiénes aparecieron junto a Jacobo y los apóstoles cuando Yeshua subió al cielo?

JACOBO
(hijo de Alfeo)

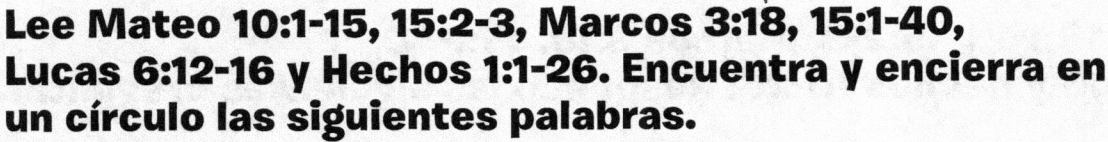

Lee Mateo 10:1-15, 15:2-3, Marcos 3:18, 15:1-40, Lucas 6:12-16 y Hechos 1:1-26. Encuentra y encierra en un círculo las siguientes palabras.

```
O Y M N U M U L P D D W S T H
B V R S O Y H J A Q R J S Z C
M O E Y L S Y M D M A D E A I
M A R J G Y W H R E A I U S E
F O D E A G X S E S C S W V L
F Q N R U S U T P Í L C U B O
V I N T E G P A W A O Í V P V
Y P T T E O F E V S R P Q Z B
Y S D P N W M K R M A U B A S
Q Z Z N K B J F E D R L E L V
O N X G A L I L E A I O Q I Y
W G C T X O L F K L L D D G H
D O C E A P Ó S T O L A A Q D
U K Z M M V Y C R J R R D S A
A L F E O M G U L E I G G M P
```

APÓSTOL
OVEJAS PERDIDAS
DOCE
ALFEO
ORAR
MESÍAS
CIELO
PADRE
GALILEA
MADRE
DISCÍPULO
MONTE

Jacobo (hijo de Alfeo)

Elige algunas palabras para describir a los discípulos.

Yeshua dio a Jacobo y a los apóstoles autoridad para...

La vida de un discípulo me enseña...

Haz un dibujo de Jacobo y los apóstoles.

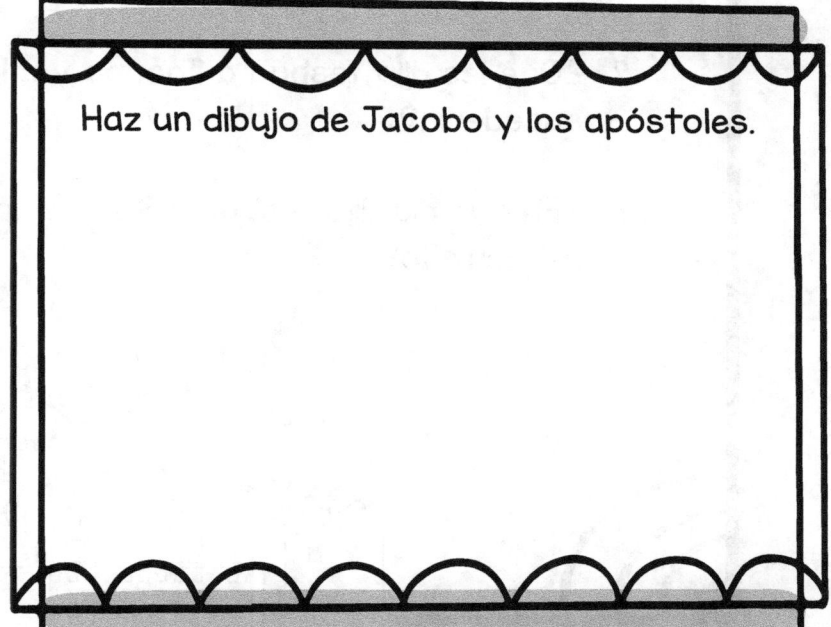

Templo en Jerusalén

Yeshua y Sus discípulos viajaron a Jerusalén para celebrar la comida de Pascua y la Fiesta de los Panes sin Levadura, que era una de las tres fiestas de peregrinación que los israelitas celebraban anualmente en Jerusalén durante el primer siglo a.C. En ese momento, el rey Herodes gobernaba Judea y había ampliado el complejo del templo para dar cabida a la gran cantidad de peregrinos que llegaban a Jerusalén para la Fiesta de los Panes sin Levadura, la Fiesta de Pentecostés (Shavu'ot) y la Fiesta de los Tabernáculos (Sukkot).

El templo de Jerusalén era el centro de la vida hebrea. A 10.000 hombres les tomó diez años construir apenas sus muros de contención. Cuando terminaron, la plataforma era lo suficientemente grande como para albergar veinticuatro campos de fútbol. Las personas solo tenían acceso a los patios del templo y no al interior de la estructura del templo. Sin embargo, todavía se consideraba un edificio público a pesar de que su interior no estaba abierto al público. También fue el lugar de reunión del Sanedrín, el tribunal supremo de la ley judía durante la ocupación romana. Lee Mateo 20:17-34. Responde las siguientes preguntas.

1. ¿Cuántos discípulos subieron a Jerusalén con Yeshua?

2. ¿Qué les dijo Yeshua a Jacobo y a los discípulos que le sucedería?

3. ¿En qué día dijo Yeshua a Sus discípulos que sería resucitado?

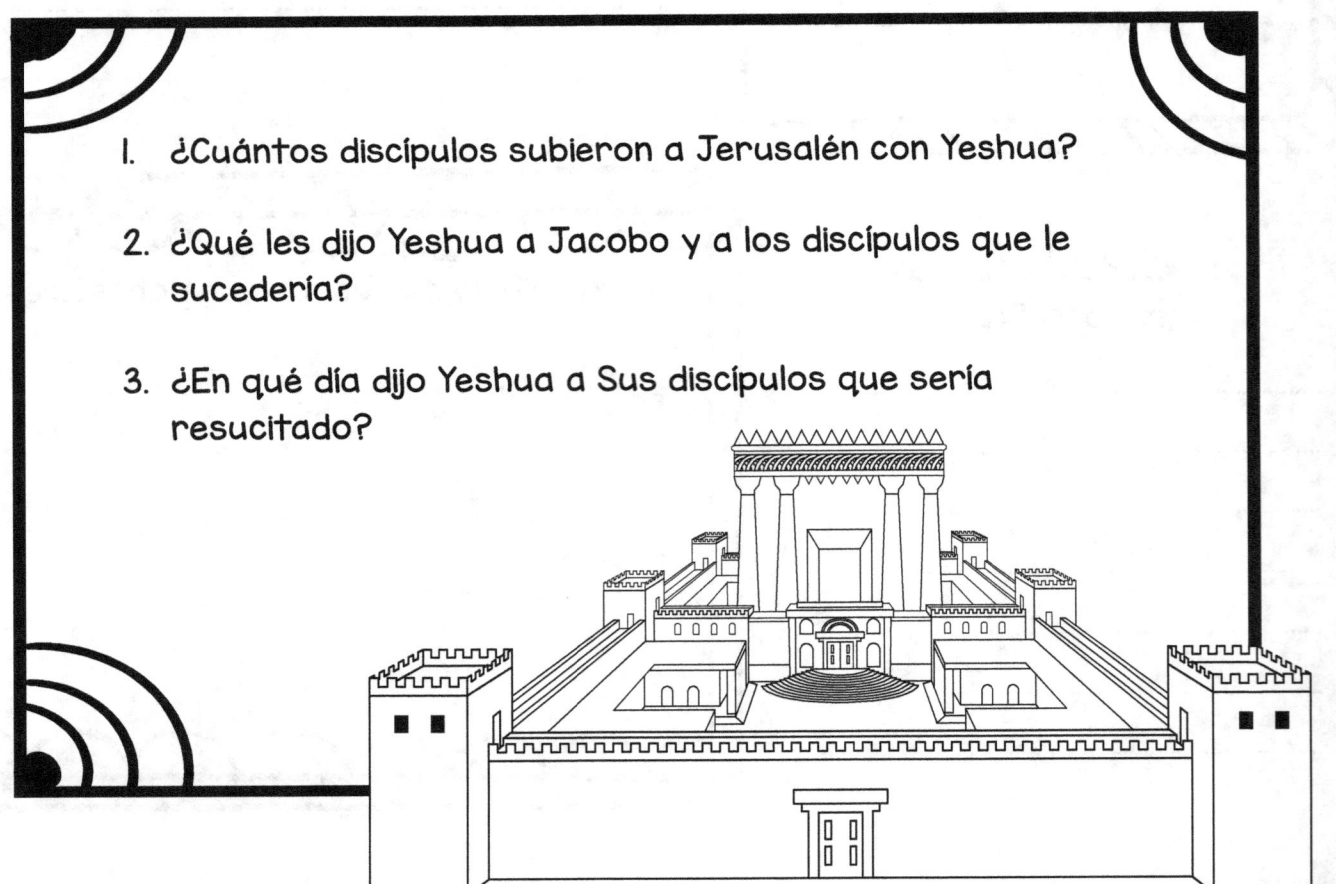

Ordena los discípulos

Ordena las letras para conocer los nombres de los doce discípulos.

dorPe

Jnau

boocaJ

aJusd

ásmoT

Blortoeoma

Jocoab

daJus

teaMo

rséAdn

nóimS

epileF

Viajes de los discípulos

Yeshua dijo a sus discípulos que fueran a hacer discípulos a todas las naciones (Mateo 28:19). ¿A dónde fueron los discípulos? Lee Mateo 10 y discute a dónde pueden haber viajado. ¿Quiénes eran las ovejas perdidas de la Casa de Israel? Colorea el dibujo.

¿Hacia dónde va la carretera?

Mis notas bíblicas

Usa este espacio para escribir lo que Dios te mostró hoy:

....
....
....
....
....
....
....
....
....
....
....
....
....

Haz un dibujo de Jacobo.

PLAN DE LA LECCIÓN

Judas Tadeo

1. Introducción:

Muestre a los estudiantes imágenes del antiguo Israel. ¿Cómo crees que fue la vida de Judas al crecer en la antigua tierra de Israel?

2. Repaso del vocabulario clave:

- **DISCÍPULO:** una persona que sigue las enseñanzas de Yeshua y trata de aprender a ser como Él
- **AUTORIDAD:** el poder o derecho de dar órdenes y tomar decisiones
- **PREDICAR:** enseñar a la gente acerca del Mesías
- **PERSEVERAR:** intentar, incluso cuando es difícil o toma mucho tiempo

4. Preguntas de revisión:

1. ¿Cómo crees que era la sociedad israelita durante la ocupación romana?
2. ¿Cómo crees que la infancia de Judas moldeó su comprensión de las enseñanzas de Yeshua?
3. ¿Cómo crees que Judas respondió al arresto de Yeshua?
4. Lee Judas 1:17-23. ¿Por qué es importante perseverar?

3. Leer:

Mateo 10, 15, 26-28; Marcos 3, 6, 15; Lucas 6, Hechos 1-2 y el Libro de Judas. Resume los principales acontecimientos del viaje de Judas con el Mesías.

5. Actividades:

- Escritura creativa: Judas Tadeo
- Hoja de trabajo: ¿Cuál es la palabra?
- Cuestionario de la Biblia: Judas Tadeo
- Sopa de letras de la Biblia: Judas Tadeo
- Hoja de trabajo: Judas Tadeo
- Hoja de trabajo: Una última comida
- Hoja de trabajo: La última cena
- Hoja de trabajo: Getsemaní
- Hoja de trabajo: Mis notas bíblicas

6. Conclusión:

1. ¿Qué lección(es) podemos aprender de la vida de Judas Tadeo?
2. Termine la lección con una oración

Lee Mateo 10, 15, 26-28; Marcos 3, 6, 15; Lucas 6, Hechos 1-2 y el Libro de Judas. ¿Qué aprendiste sobre Judas Tadeo?

Resume los eventos principales del viaje de Judas con el Mesías.

....
....
....
....
....
....
....

¿Cuál es la palabra?

Lee Juan 14:15-24 (RVR1960). Usando las siguientes palabras, llena los espacios en blanco para completar el pasaje de la Biblia.

| GUARDAD | PADRE | JUDAS | HUÉRFANOS |
| ESPÍRITU | MANDAMIENTOS | AMA | VIVO |

"Si me amáis, ... Mis mandamientos. Y yo rogaré al Padre, y os dará otro Consolador, para que esté con vosotros para siempre: el .... de verdad, al cual el mundo no puede recibir, porque no le ve, ni le conoce; pero vosotros le conocéis, porque mora con vosotros, y estará en vosotros. No os dejaré ....; vendré a vosotros. Todavía un poco, y el mundo no me verá más; pero vosotros me veréis; porque Yo ...., vosotros también viviréis. En aquel día vosotros conoceréis que Yo estoy en mi Padre, y vosotros en mí, y Yo en vosotros. El que tiene mis ...., y los guarda, ése es el que me ama; y el que me ama, será amado por Mi Padre, y yo le amaré, y me manifestaré a él". Le dijo .... (no el Iscariote): "Señor, ¿cómo es que te manifestarás a nosotros, y no al mundo?". Respondió Yeshua y le dijo: "El que me ama, Mi palabra guardará; y Mi .... le amará, y vendremos a él, y haremos morada con él. El que no me ...., no guarda Mis palabras; y la palabra que habéis oído no es mía, sino del Padre que me envió".

JUDAS
Tadeo

Lee Juan 2:1-11, 14:1-24, Mateo 10:1-25, 15:29-39, 20:17-19 y Hechos 1:1-26. Responde las siguientes preguntas.

1. "Si me _____, guardad mis mandamientos".

2. ¿Qué le preguntó Judas a Yeshua en Juan 14:22?

3. ¿Cuántos apóstoles envió Yeshua?

4. ¿Qué les dijo Yeshua a Judas y a los discípulos que le sucedería en Jerusalén?

5. ¿A qué distancia está el Monte de los Olivos de Jerusalén?

6. ¿Qué hicieron Judas y los apóstoles después de que Yeshua hubiera subido al cielo?

7. ¿Qué dos hombres fueron propuestos para reemplazar a Judas?

8. ¿A qué fueron invitados Yeshua, Judas y los discípulos en Caná?

9. ¿A cuántas personas alimentaron Yeshua y sus discípulos en Mateo 15:38?

10. "He aquí, yo os envío como a _____ en medio de lobos".

JUDAS
Tadeo

Lee Juan 2: 1-11, 14:1-24, Mateo 10:1-25, 15:29-39, 20:17-19 y Hechos 1:1-26. Encuentra y encierra en un círculo las siguientes palabras.

```
D R C L A W S M V J Y B A I G
L Q E M S P R D I P G I M R O
S H S H I B Ó J N A X Y O Y J
Z K T H A D A S I N S B R Y U
C V A U Q M I W T M F Q N X D
X Q S H Z H B S Q O J U N Y A
M A E S T R O R C U L Q A V S
C K Q X L L A F I Í M R V Q K
O Z T W H K V Z P E P Y Q E N
W B S W R U V X Y I N U V V X
O R O L U A L K O A Y T L I K
Y N O E B P S W K Q T X O O M
C A N Á D M W V O P E Z K Q E
M A N D A M I E N T O S O E H
Q T A D E O J D E V T R Z J A
```

APÓSTOL
AMOR
CANÁ
JUDAS
CESTAS
PAN
HAMBRIENTO
MANDAMIENTOS
PEZ
TADEO
MAESTRO
DISCÍPULO

Judas Tadeo

Enumera a los doce discípulos.

Lee Juan 14:19-24. Amo a Yeshua al...

¿Qué puede enseñarme la vida de Judas?

Haz un dibujo para volver a contar la historia de Yeshua y Sus discípulos alimentando a los 4.000.

Una última comida

Yeshua y Sus discípulos se reunieron en una casa en Jerusalén para comer. Reclinado sobre los cojines, Yeshua dijo: "Quiero comer la cena de Pascua con ustedes antes de morir. Pero no volveré a comerla hasta que comamos juntos en el Reino de Dios". Luego tomó una copa de vino, pronunció una bendición y pasó la copa por la habitación. "Toma esto y bébelo". Luego tomó un poco de pan y lo bendijo. "De ahora en adelante, haced esto para acordaros de Mí". Partiendo el pan en pedazos, se lo dio a los discípulos. "Toma esto y cómelo. Esto representa Mi cuerpo que está siendo partido por ustedes". Mientras los discípulos comían, Yeshua se levantó de la mesa. Echando agua en una palangana, comenzó a lavar los pies de sus discípulos. "No", dijo Pedro, uno de los discípulos. "¡Nunca me lavarás los pies! ¡Esta es la obra de un siervo!". Yeshua respondió: "Si no me dejas lavarte los pies, ya no puedes ser Mi discípulo. Te estoy mostrando cómo comportarte". Después de que Yeshua les lavó los pies, les dijo: "Esta noche, uno de ustedes me va a traicionar". Los discípulos dejaron de comer y miraron hacia arriba. "Maestro, ¿quién haría tal cosa?". Se miraron el uno al otro con desconfianza. "¿Es él? ¿Soy yo?". "Es aquel a quien le doy este pan", dijo Yeshua en voz baja. Tomó un trozo de pan, lo mojó en aceite de oliva y se lo entregó a Judas Iscariote. "Haz lo que tengas que hacer". Judas salió de la habitación y se adentró en la oscuridad. Era hora de traicionar al rey. Lee Juan 13. Contesta las preguntas.

1. ¿Quién lavó los pies de Sus discípulos?

2. ¿Qué discípulo dejó la cena para traicionar a Yeshua?

3. ¿Qué nuevo mandamiento dio Yeshua a Sus discípulos?

La última cena

Fecha: ....

Ubicación: ....

....

Quién asistió a la cena: ....

....

¡Colorea el pan y el vino!

Dibuja un discípulo.

Getsemaní

Después de que Yeshua comiera con Sus discípulos, los llevó a un lugar lleno de olivos, llamado Getsemaní. La palabra Getsemaní deriva de dos palabras hebreas: gat, que significa "prensar o aplastar" y shemen, que significa aceite. El aceite de oliva era una parte importante de la cultura israelita. Las aceitunas se cosechaban a mano o golpeando el fruto de los árboles, y luego se trituraban con una prensa para hacer aceite. El aceite de oliva se utilizaba en la cocina, la comida, como combustible para el alumbrado, en la medicina y para ungir a los reyes.

Discute por qué Yeshua visitó Getsemaní con Sus discípulos.

¿Por qué crees que fue difícil para Pedros, Jacobo y Juan permanecer despiertos?

....
....
....

¿Por qué crees que Yeshua advirtió a Sus discípulos que no cayeran en tentación? (Mateo 26)

....
....
....
....
....
....
....

Mis notas bíblicas

Usa este espacio para escribir lo que Dios te mostró hoy:

....
....
....
....
....
....
....
....
....
....
....
....

Haz un dibujo de Judas Tadeo.

PLAN DE LA LECCIÓN

Mateo

1. Introducción:

Anime a los estudiantes a reflexionar sobre sus vidas y considerar quién puede sentirse rechazado o solo. ¿Por qué nuestro Mesías pasaba tiempo con personas que eran rechazadas por la sociedad?
Referencia bíblica: Mateo 9:9-13

2. Repaso del vocabulario clave:

- **DISCÍPULO:** una persona que sigue las enseñanzas de Yeshua y trata de aprender a ser como Él
- **RECAUDADOR DE IMPUESTOS:** alguien empleado por los gobernantes romanos para recaudar impuestos o peajes de la población local
- **PECADOR:** alguien que quebranta o transgrede la Torá (1 Juan 3:4)
- **CAFARNAÚM:** un pueblo de pescadores en el norte de Galilea

4. Preguntas de revisión:

1. ¿Cómo se convirtió Mateo en discípulo del Mesías?
2. ¿Cuáles son algunas de las enseñanzas clave de Yeshua que relata Mateo en el libro de Mateo?
3. ¿Por qué a la gente no les gustaban los recaudadores de impuestos en el antiguo Israel?
4. ¿Por qué el Mesías comió y bebió con los recaudadores de impuestos y otros pecadores?

3. Leer:

Mateo 9-10, 15, 26-28; Marcos 3, 6, 15; Lucas 6 y Hechos 1-2. Resume los principales acontecimientos del viaje de Mateo con el Mesías.

5. Actividades:

* Escritura creativa: Mateo
* Hoja de trabajo: ¿Cuál es la palabra?
* Cuestionario de la Biblia: Mateo
* Sopa de letras de la Biblia: Mateo
* Hoja de trabajo: Mateo
* Hoja de trabajo: Calmando la tormenta
* Hoja de trabajo: El recaudador de impuestos
* Hoja de trabajo: Etiqueta a un soldado romano
* Hoja de trabajo: Mis notas bíblicas

6. Conclusión:

1. ¿Qué lección(es) podemos aprender de la vida de Mateo?
2. Termine la lección con una oración

Lee Mateo 9-10, 15, 26-28; Marcos 3, 6, 15; Lucas 6 y Hechos 1-2. ¿Qué aprendiste sobre Mateo?

Resume los eventos principales del viaje de Mateo con el Mesías.

....

....

....

....

....

....

....

¿Cuál es la palabra?

Lee Mateo 9:9-13 (RVR1960). Usando las siguientes palabras, llena los espacios en blanco para completar el pasaje de la Biblia.

MATEO	PECADORES	MÉDICO	MESA
TRIBUTOS	DISCÍPULOS	MISERICORDIA	YESHUA

" Pasando Yeshua de allí, vio a un hombre llamado ...., que estaba sentado al banco de los .... públicos, y le dijo: "Sígueme". Y se levantó y le siguió. Y aconteció que estando Él sentado a la .... en la casa, he aquí que muchos publicanos y ...., que habían venido, se sentaron juntamente a la mesa con Yeshua y Sus discípulos. Cuando vieron esto los fariseos, dijeron a los ....: "¿Por qué come vuestro Maestro con los publicanos y pecadores?".

Al oír esto ...., les dijo: "Los sanos no tienen necesidad de ...., sino los enfermos. Id, pues, y aprended lo que significa; .... quiero, y no sacrificio. Porque no he venido a llamar a justos, sino a pecadores, al arrepentimiento". "

MATEO

Lee Mateo 9:9-13, Lucas 5:27-32, 8:40-48, Marcos 2:1-14, 3:13 y Hechos 1:1-26. Responde las siguientes preguntas.

1. ¿Dónde estaba sentado Mateo cuando Yeshua le llamó?
2. ¿Quiénes vinieron y se recostaron con Yeshua y Sus discípulos?
3. ¿Qué les dijo Yeshua a los fariseos que deseaba en Mateo 9:13?
4. ¿Qué otro nombre recibió Mateo?
5. ¿Qué hizo Mateo por Yeshua en Lucas 5:29?
6. ¿Quién era el padre de Mateo?
7. ¿Dónde nombró Yeshua a Mateo y a Sus discípulos como apóstoles?
8. ¿Dónde los discípulos de Yeshua lo vieron subir al cielo?
9. ¿Cuál era el trabajo de Mateo?
10. ¿Cómo fue curada la mujer en Lucas 8:44?

MATEO

Lee Mateo 9:9-13, Lucas 5:27-32, 8:40-48, Marcos 2:1-14, 3:13 y Hechos 1:1-26. Encuentra y encierra en un círculo las siguientes palabras.

```
M M M Y T U S Í G U E M E X H
I B I A A T D I P F J D F U P
K T H S T N O F M S V U A W R
I B V C E E I F V T S Q R L E
Z U X W S R O U V F S O I E C
R X U C N U I S O Y I A S V A
B E V R B P E C A D O R E I U
L Q C R G G V M O Y Y R O P D
N S V L J I A Y P R U N S L A
I J N K I P Q L B N D R N D D
N F H Y A N H R I R B I X D O
U K Y X L J A E Y L J Z A O R
G Z R O A C G R O C E E K C D
K D C O M I D A M V K A Y E S
E R D I S C Í P U L O M N I P
```

SÍGUEME
COMIDA
MATEO
DOCE
PECADOR
RECLINAR
RECAUDADOR
GALILEA
LEVI
FARISEOS
MISERICORDIA
DISCÍPULO

Mateo

En Lucas 5, Mateo (Leví) hizo una fiesta para Yeshua. ¡Diseña tu propia fiesta!

Imagina que eres Mateo. Escribe un diario sobre el día en que Yeshua sanó a la mujer que tenía una enfermedad de la sangre.

....
....
....
....
....
....
....
....

¿Qué puede enseñarme la vida de un discípulo?

....
....
....
....
....
....

Haz un dibujo de Mateo sentado en su caseta de impuestos.

Calmando la tormenta

"Aconteció un día, que entró en una barca con sus discípulos, y les dijo: Pasemos al otro lado del lago. Y partieron. Pero mientras navegaban, Él se durmió. Y se desencadenó una tempestad de viento en el lago; y se anegaban y peligraban. Y vinieron a Él y le despertaron, diciendo: ¡Maestro, Maestro, que perecemos! Despertando Él, reprendió al viento y a las olas; y cesaron, y se hizo bonanza. Y les dijo: ¿Dónde está vuestra fe? Y atemorizados, se maravillaban, y se decían unos a otros: ¿Quién es este, que aun a los vientos y a las aguas manda, y le obedecen?".

Lee Lucas 8:22-23 y Marcos 4:35-41. Responde las siguientes preguntas.

1. ¿Quiénes subieron a la barca con Yeshua?

2. ¿Por qué despertaron los discípulos a Yeshua?

3. ¿Qué se dijeron los discípulos después de que Yeshua calmara la tormenta?

4. ¿En qué lago ocurrió este evento?

5. ¿Por qué crees que Yeshua permitió que este evento ocurriera?

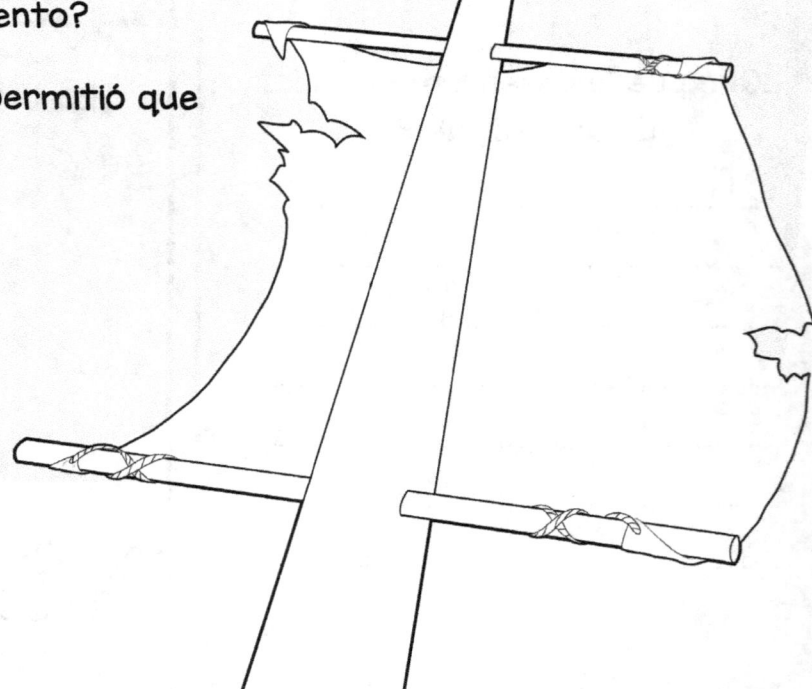

El recaudador de impuestos

En la época de los discípulos, Judea formaba parte del Imperio romano. Los gobernantes romanos hacían que los hebreos pagaran muchos impuestos y los recaudadores de impuestos hebreos eran despreciados porque cobraban estos impuestos para Roma. Los hebreos ricos pujaban por el puesto de recaudador de impuestos, también llamado publicano, y luego se enriquecían más añadiendo grandes honorarios a la cantidad debida. Los publicanos, como Mateo, cobraban impuestos por aduanas o peajes a las importaciones, exportaciones y mercaderes que venían a comerciar a Israel.

Los líderes religiosos despreciaban a los recaudadores de impuestos hebreos. Se les consideraba impuros por su contacto con los romanos y se les excluía de la vida religiosa, incluidas las reuniones del templo y la sinagoga. Entre los recaudadores de impuestos más famosos de la Biblia se encuentran Mateo y Zaqueo.

1. ¿Por qué los recaudadores de impuestos eran despreciados por los hebreos?

   ....

2. ¿Cómo excluyeron los líderes religiosos a los recaudadores de impuestos de la vida religiosa?

   ....

   ....

¡Colorea al recaudador de impuestos!

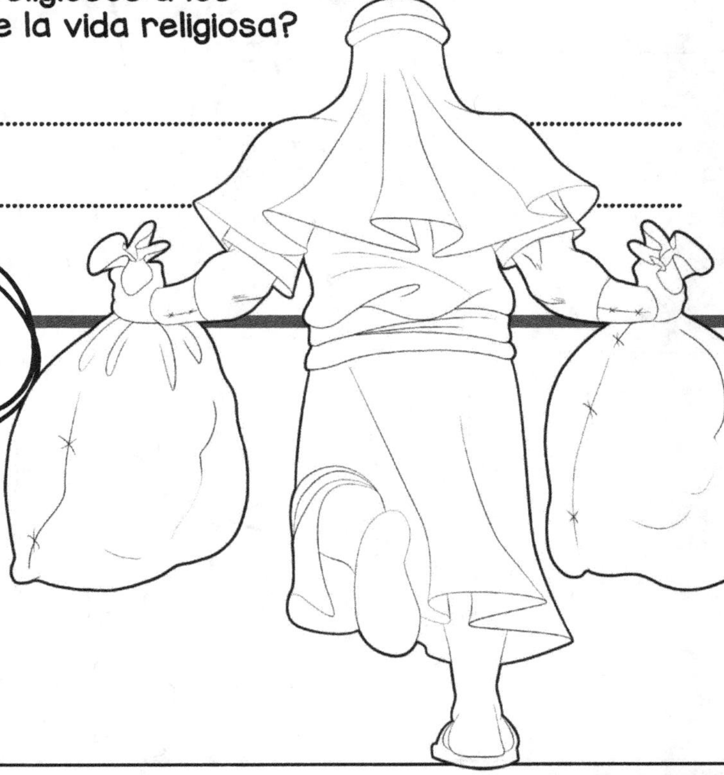

Etiqueta a un soldado romano

En la época de los discípulos, los romanos gobernaban Judea. Los soldados romanos vestían y portaban armaduras pesadas. Usando Internet o una enciclopedia, investiga el tipo de ropa que usaban los soldados romanos. Etiqueta las piezas de la armadura del soldado. Colorea la imagen.

(a) casco
(b) túnica de lana
(c) protección del brazo
(d) sandalias
(e) blindaje corporal
(f) placa de hombro
(g) capa

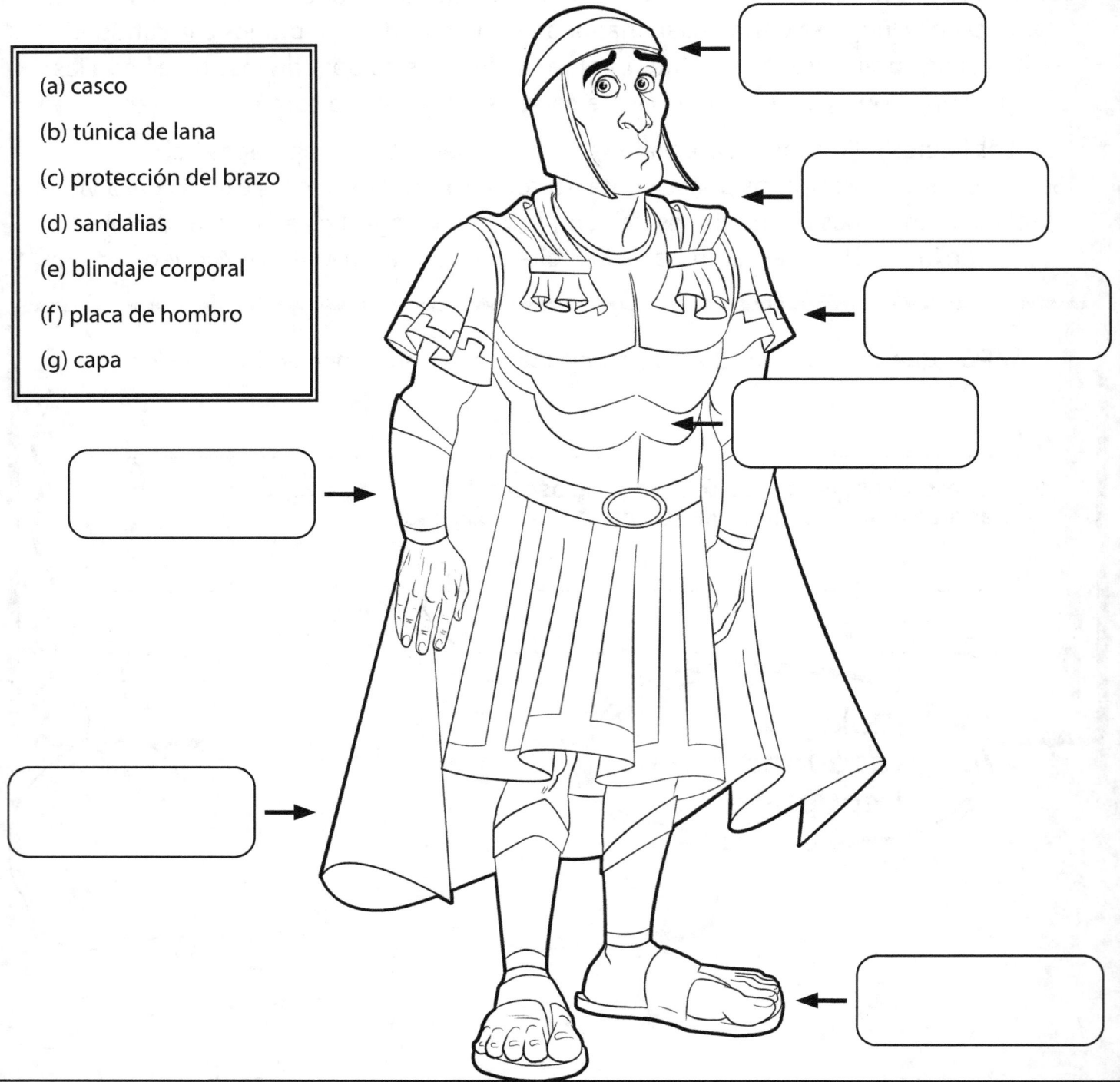

Mis notas bíblicas

Usa este espacio para escribir lo que Dios te mostró hoy:

....
....
....
....
....
....
....
....
....
....
....
....

Haz un dibujo de Mateo.

PLAN DE LA LECCIÓN

Andrés

1. Introducción:

Muestre a los niños imágenes de los doce discípulos y pregúnteles: ¿Puedes nombrar a los discípulos? ¿Cómo saben tus amigos que eres un discípulo del Mesías? ¿Crees que seguir al Mesías hoy es diferente de seguir al Mesías en el antiguo Israel?

2. Repaso del vocabulario clave:

- **DISCÍPULO:** una persona que sigue las enseñanzas de Yeshua y trata de aprender a ser como Él
- **DENARIO:** una antigua moneda de plata romana
- **BETSAIDA:** un antiguo pueblo de pescadores a orillas del mar de Galilea
- **MONTE DE LOS OLIVOS:** una de las tres colinas en una larga cresta al este de Jerusalén

4. Preguntas de revisión:

1. ¿Cómo llegó Andrés a seguir al Mesías?
2. ¿Cuál era la ocupación de Andrés?
3. Durante su tiempo con el Mesías, ¿qué milagros presenció Andrés?
4. ¿Qué significa ser un "pescador de hombres"?

3. Leer:

Mateo 4, 26-28; Marcos 13, Lucas 6, Juan 1, 6, 12 y Hechos 1-2. Resume los principales acontecimientos del viaje de Andrés con el Mesías.

5. Actividades:

* Escritura creativa: Andrés
* Hoja de trabajo: ¿Cuál es la palabra?
* Cuestionario de la Biblia: Andrés
* Sopa de letras de la Biblia: Andrés
* Hoja de trabajo: Andrés
* Actividad del mapa: Tierra de Israel
* Aprendamos hebreo: Pez
* Hoja de trabajo: ¡Entrevista a un pescador!
* Hoja de trabajo: Mis notas bíblicas

6. Conclusión:

1. ¿Qué lección(es) podemos aprender de la vida de Andrés?
2. Termine la lección con una oración

**Lee Mateo 4, 26-28; Marcos 13, Lucas 6, Juan 1, 6, 12 y Hechos 1-2.
¿Qué aprendiste sobre Andrés?**

Resume los eventos principales del viaje de Andrés con el Mesías.

....

....

....

....

....

....

....

¿Cuál es la palabra?

Lee Mateo 4:18-22. Usando las siguientes palabras, llena los espacios en blanco para completar el pasaje de la Biblia.

GALILEA	PESCADORES	ZEBEDEO	HERMANOS
ANDRÉS	REDES	BARCA	REMENDABAN

"Andando Yeshua junto al mar de ...., vio a dos hermanos, Simón, llamado Pedro, y .... su hermano, que echaban la red en el mar; porque eran pescadores. Y les dijo: "Venid en pos de mí, y os haré .... de hombres". Ellos entonces, dejando al instante las ...., le siguieron. Pasando de allí, vio a otros dos ...., Jacobo hijo de ...., y Juan su hermano, en la barca con Zebedeo su padre, que .... sus redes; y los llamó. Y ellos, dejando al instante la .... y a su padre, le siguieron."

ANDRÉS

Lee Juan 1:35-42, 6:1-15, Marcos 13:3-13 y Mateo 4:18-22. Responde las siguientes preguntas.

1. ¿Qué dijo Juan el Bautista cuando Yeshua pasaba por allí?
2. ¿Quién era el hermano de Andrés?
3. ¿Qué fiesta estaba a punto de comenzar?
4. ¿Cuántos panes y peces dijo Andrés que tenía el niño?
5. ¿Quiénes se sentaron con Yeshua en el Monte de los Olivos?
6. ¿Cuál era el trabajo de Andrés?
7. ¿A cuáles dos hermanos Yeshua les dijo que lo siguieran?
8. ¿En la casa de quién entró Yeshua en Marcos 1:29?
9. ¿A quién curó Yeshua en esa casa?
10. ¿Por qué mar caminó Yeshua en Mateo 4:18?

ANDRÉS

Lee Juan 1:35-42, 6:1-15, Marcos 13:3-13, Mateo 4:18-22 y Hechos 1-26. Encuentra y encierra en un círculo las siguientes palabras.

```
C M A R D E G A L I L E A N A
J U A N I Y B T F P X R D D N
X I S U S X P O K S E P Z S D
C J U N C Z A D D L A C M B R
K U E F Í K X B O M B N E N É
N C N B P A S C U A C K A S S
H X E H U H T W R B R A P R H
T T O K L A X Y C C V N E E C
M Q P R O P W O U A V Q X Z Y
N N L Q Q I S X R F H K M J E
S I H W D T M B N Y N P H Z S
G W N C W V S U P A N E S K H
Q P E D R O Z J N R E M Z D U
Q H E R M A N O X S J T V L A
A E S P Í R I T U S A N T O Z
```

PASCUA
PEDRO
ESPÍRITU SANTO
PANES
HERMANO
PECES
MAR DE GALILEA
SANAR
JUAN
ANDRÉS
DISCÍPULO
YESHUA

Andrés

Diseña una barca de pesca para Andrés y Simón (Pedro).

Lee Juan 6:1-15. Haz un dibujo para volver a contar la historia de cuando alimentaron a los 5.000.

....
....
....
....
....
....
....

¿Qué podría enseñarme la vida de Andrés?

....
....
....
....
....

Si la vida de Andrés fuera un libro, la portada se vería así...

Tierra de Israel

Durante el ministerio de Yeshua, Andrés y los discípulos pasaron mucho tiempo en Galilea, una región al norte de Israel. Galilea estaba a unas 80 millas de Jerusalén. La gente tardaba hasta una semana en caminar entre los dos lugares. Marca los seis pueblos y aldeas de Galilea en el siguiente mapa. ¡Puede que tengas que usar Internet o un atlas histórico para encontrar las respuestas!

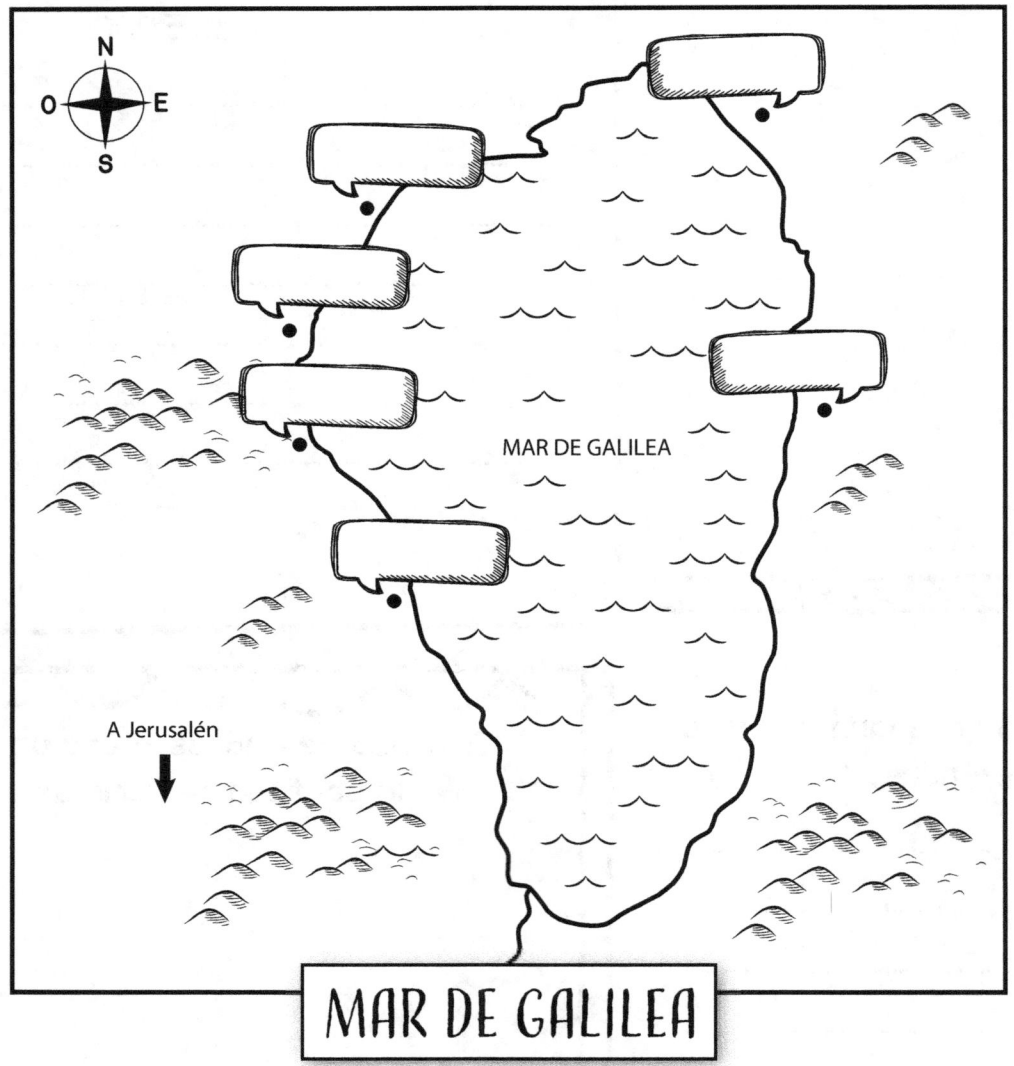

Encuentra y marca estos lugares en el mapa:

TIBERÍADES   KHERSA
BETSAIDA   MAGDALA
GENNESARET   CAFARNAÚM

Dag

La palabra hebrea para pez es dag. Algunos de los discípulos del Mesías (Andrés, Pedro, Jacobo y Juan) eran pescadores. Vivían en la aldea de Cafarnaúm, o cerca de ella, y se ganaban la vida pescando en el mar de Galilea.

Dag

Pez

דָּג

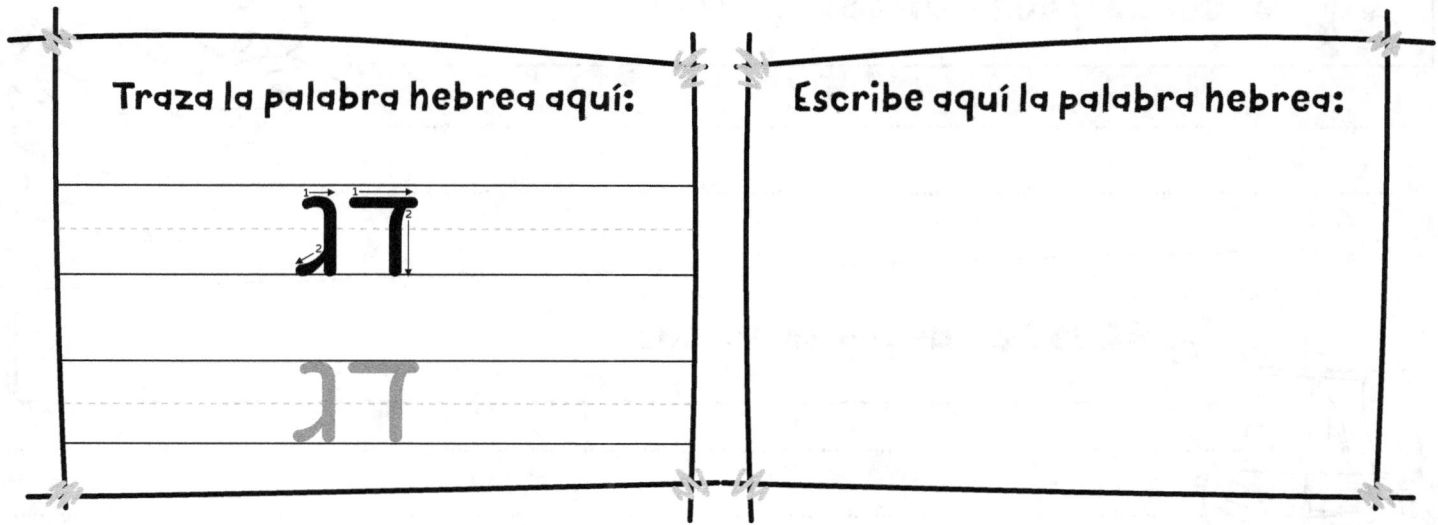

Traza la palabra hebrea aquí:

Escribe aquí la palabra hebrea:

¡Entrevista a un pescador!

Al igual que su hermano Simón Pedro y varios otros discípulos, Andrés era pescador. En Mateo 4 y Marcos 1, Yeshua se encuentra por primera vez con Andrés cuando pesca cerca de la orilla del mar de Galilea. Imagina que eres un pescador en el mar de Galilea durante los tiempos bíblicos. Una revista te ha enviado un cuestionario. Cuéntales sobre ti.

1. Preséntate.

2. ¿Cuán lejos de la costa pescas?

3. ¿Cuándo y cómo atrapas peces?

4. ¿Qué tipo de peces pescas?

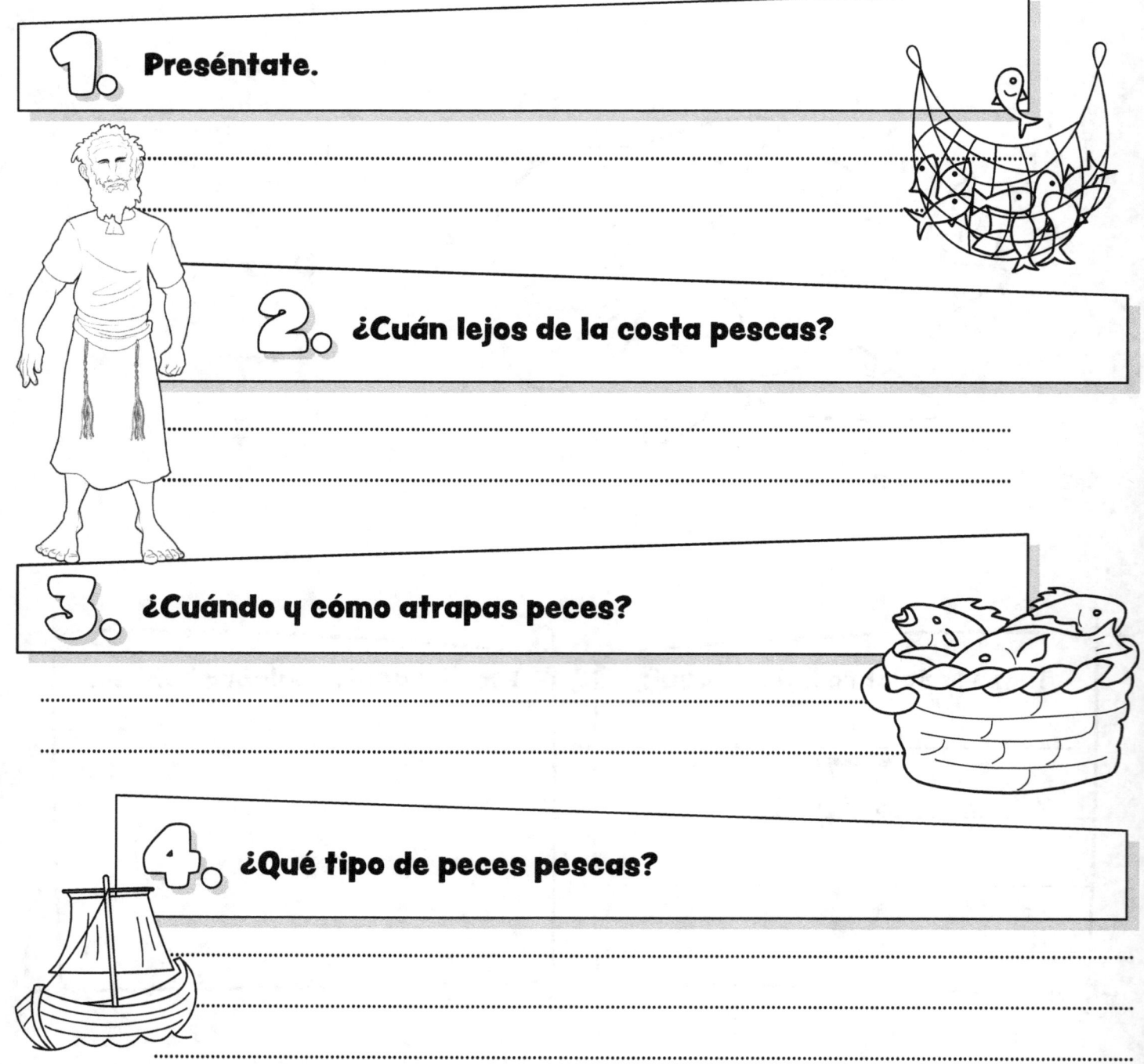

Mis notas bíblicas

Usa este espacio para escribir lo que Dios te mostró hoy:

....
....
....
....
....
....
....
....
....
....
....
....

Haz un dibujo de Andrés.

PLAN DE LA LECCIÓN

Simón el cananista

1. Introducción:

Pregunte a los niños: ¿alguna vez te ha apasionado una causa? Si es así, ¿cuál es la causa? ¿Crees que los discípulos estaban apasionados por su fe? ¿Cómo demostraron esto?

2. Repaso del vocabulario clave:

- **APÓSTOL:** "uno que es enviado", una persona que viaja a lugares para hablar a la gente sobre el Mesías
- **MATÍAS:** el discípulo que reemplazó a Judas Iscariote
- **ISRAELITA:** miembro de las 12 tribus de Israel
- **ZELOTE:** miembro de un movimiento político en la Judea ocupada por los romanos. Querían derrocar al gobierno romano y restaurar la soberanía judía

4. Preguntas de revisión:

1. ¿Quién fue Simón el cananista (también Simón el zelote)?
2. ¿Cuál era la relación entre Simón el cananista y los otros discípulos?
3. ¿Qué era un zelote?
4. ¿Qué crees que aprendió Simón de su tiempo con Yeshua?

3. Leer:

Mateo 10, 26-28; Marcos 14, Lucas 6-9 y Hechos 1-2. Resume los principales acontecimientos del viaje de Simón con el Mesías.

5. Actividades:

* Escritura creativa: Simón el cananista
* Hoja de trabajo: ¿Cuál es la palabra?
* Cuestionario de la Biblia: Simón el cananista
* Sopa de letras de la Biblia: Simón el cananista
* Hoja de trabajo: Simón el cananista
* Responde y colorea: Reino de Dios
* Hoja de trabajo: Diseña tu propia moneda
* Hoja de trabajo: Ordena los nombres de los 12 discípulos
* Hoja de trabajo: Mis notas bíblicas

6. Conclusión:

1. ¿Qué lección(es) podemos aprender de la vida de Simón el cananista?
2. Termine la lección con una oración

Lee Mateo 10, 26-28; Marcos 14, Lucas 6-9 y Hechos 1-2. ¿Qué aprendiste sobre Simón??

Resume los eventos principales del viaje de Simón con el Mesías.

....

....

....

....

....

....

....

¿Cuál es la palabra?

Lee Lucas 7:11-17 (RVR1960). Usando las siguientes palabras, llena los espacios en blanco para completar el pasaje de la Biblia.

DISCÍPULOS	YESHUA	PROFETA	CIUDAD
MADRE	MUERTO	JUDEA	NAÍN

"Aconteció después, que Él iba a la ciudad que se llama ...., e iban con Él muchos de sus ...., y una gran multitud. Cuando llegó cerca de la puerta de la ...., he aquí que llevaban a enterrar a un difunto, hijo único de su ...., la cual era viuda; y había con ella mucha gente de la ciudad. Y cuando .... la vio, se compadeció de ella, y le dijo: "No llores". Y acercándose, tocó el féretro; y los que lo llevaban se detuvieron. Y dijo: "Joven, a ti te digo, levántate". Entonces se incorporó el que había ...., y comenzó a hablar. Y lo dio a su madre. Y todos tuvieron miedo, y glorificaban a Dios, diciendo: "Un gran .... se ha levantado entre nosotros; y Dios ha visitado a Su pueblo". Y se extendió la fama de Él por toda ...., y por toda la región de alrededor."

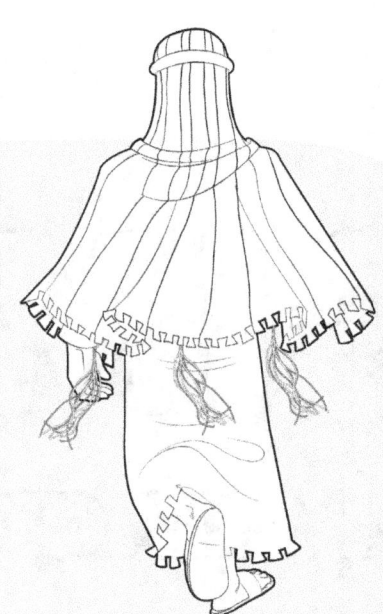

SIMÓN
el cananista

Lee Mateo 10:4, Marcos 14:1-50, Lucas 6:12-19, 7:11-17, 8:1-3, 9:1-17 y Hechos 1:1-26. Responde las siguientes preguntas.

1. ¿Qué otro nombre recibió Simón?
2. ¿Cuántos apóstoles eligió Yeshua? (Lucas 6:13)
3. ¿Dónde vieron Simón y los apóstoles a Yeshua subir al cielo?
4. ¿A quién eligieron Simón y los apóstoles para sustituir a Judas?
5. ¿Cerca de qué pueblo resucitó Yeshua al hijo de una viuda?
6. ¿Quiénes más viajaron con Yeshua y los discípulos mientras predicaba el evangelio?
7. ¿Qué autoridad les dio Yeshua a sus apóstoles para que hicieran?
8. ¿A cuántos hombres alimentaron Yeshua y sus discípulos?
9. ¿Qué hicieron los discípulos cuando Yeshua fue arrestado en Getsemaní?
10. ¿En qué ciudad se encontraron Simón y los discípulos con Yeshua por última vez?

SIMÓN
el cananista

Lee Mateo 10:4, Marcos 14:1-50, Lucas 6:12-19, 7:11-17, 8:1-3, 9:1-17 y Hechos 1:1-26. Encuentra y encierra en un círculo las siguientes palabras.

```
N J L E E J N J X L X U E X G
A J A E O B X V Y I V V N C R
P Y E O O K D T B S O P J C I
Ó E P L X W E I J R V A H A S
S J R H M J Z I B A M R G N S
T J E V H Á G G I E Z Á L A B
O K D F Y F S Q C L Q B J N C
L R I T E K S G H I M O R I M
I S C W T T I O R T N L T S O
D U A N M I C J E A S A N T N
O O R G Z E L O T E N S N A T
C B P P F Z C Y H C Q D N C E
E J S I M Ó N B L M Y C E W G
L N K B K D U K P A Q O V R U
D N A Í N X K F Y E S H U A O
```

APÓSTOL

EL MÁS GRANDE

PARÁBOLAS

MONTE

DOCE

NAÍN

SIMÓN

PREDICAR

ISRAELITA

CANANISTA

ZELOTE

YESHUA

Simón el cananista

El Mesías dio a Simón y a los apóstoles autoridad para...

....
....
....
....
....
....
....
....

Investiga un poco. ¿Qué era un zelote?

....
....
....
....
....
....
....
....

¿Qué puede enseñarme la vida de Simón?

....
....
....
....
....
....

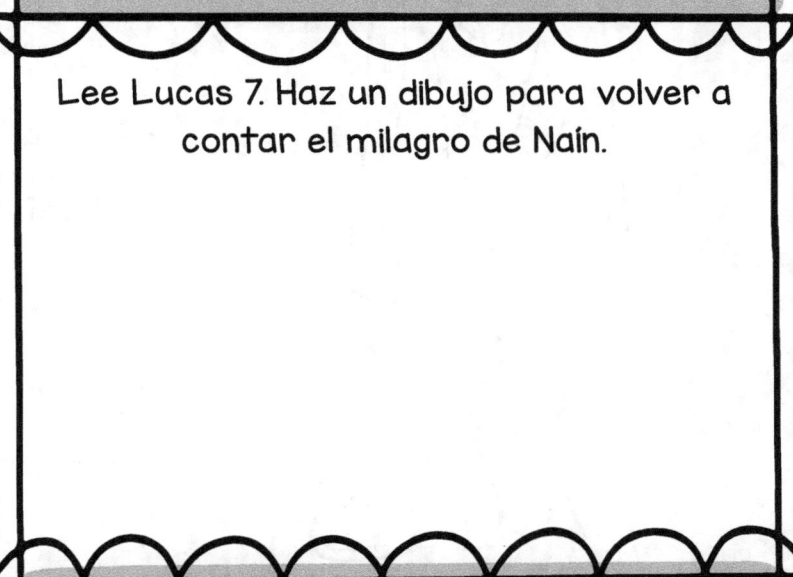

Lee Lucas 7. Haz un dibujo para volver a contar el milagro de Naín.

Reino de Dios

Abre tu Biblia y lee Mateo 19:16-30.
Responde las preguntas. Colorea el dibujo.

1. ¿Cómo entrará un rico en el reino de los cielos?

   ....
   ....
   ....

2. ¿A quiénes juzgarán los seguidores de Yeshua en el nuevo mundo?

   ....
   ....
   ....

3. ¿Qué pasará con la gente que ha dejado las cosas para seguir a Yeshua?

   ....
   ....
   ....

Diseña tu propia moneda

Durante los tiempos del Nuevo Testamento, los romanos gobernaron Judea. La unidad estándar de la moneda romana era el denario de plata, que tenía la imagen de César. Un empleador pagaba a un trabajador un denario por una jornada laboral de 12 horas. Otro tipo de moneda de plata que usaban los hebreos era el siclo, que valía cuatro denarios. El impuesto del templo de medio siclo pagado por todos los hebreos para mantener el templo en Jerusalén equivalía a dos denarios o dos dracmas. El Mesías le dijo a Pedro que atrapara un pez y le abriera la boca, donde encontró un estater (una moneda de cuatro dracmas). Esto fue suficiente para pagar el impuesto del templo para ambos.

Diseña tu propia moneda de plata en el espacio siguiente. ¡Usa tu imaginación!

¡Colorea al israelita!

El Mesías llamó a Sus discípulos y eligió a doce de ellos, a quienes también nombró apóstoles (Lucas 6:16-16). Ordena las palabras para conocer los nombres de Sus doce discípulos.

¡LOS DISCÍPULOS!

dPreo	....	etotaM	....
nAédsr	....	soTmá	....
boocJa	....	Jocaob (jiho ed foelA)	....
uJan	....	dJaus	....
ipeFel	....	óSnmi	....
mIrtBamoé	....	uasJd ocalitsre	....

✳ Lee sobre los doce discípulos en Lucas 6.

Mis notas bíblicas

Usa este espacio para escribir lo que Dios te mostró hoy:

....
....
....
....
....
....
....
....
....
....
....
....
....

Haz un dibujo de Simón.

PLAN DE LA LECCIÓN

Felipe

1. Introducción:

Felipe obedeció rápidamente al ángel de Dios. ¿Qué tan rápido pueden obedecerle sus alumnos? Deles órdenes simples como "escribe tu nombre en un papel" o "quítate los zapatos". El primer estudiante en completar la tarea ganará un punto. Lleve un registro de quién termina primero. ¡El estudiante con más puntos al final del juego gana!

2. Repaso del vocabulario clave:

- **APÓSTOL:**
"uno que es enviado", una persona que viaja a lugares para hablar a la gente sobre el Mesías

- **SAMARIA:**
la capital del antiguo Reino de Israel, una región al norte de Jerusalén

- **BETSAIDA:**
un antiguo pueblo de pescadores a orillas del mar de Galilea

- **ETÍOPE:**
persona del país de Etiopía, al sur de Egipto

4. Preguntas de revisión:

1. Cuando alimentó a los 5.000, ¿por qué Yeshua puso a prueba la fe de Felipe?
2. ¿Por qué Felipe abandonó a Yeshua en el jardín de Getsemaní?
3. ¿Por qué fue Felipe a Samaria?
4. Describe lo que sucedió cuando Felipe se encontró con el etíope en el camino a Gaza.

3. Leer:

Mateo 25-28, Lucas 6, Juan 1, 6, 12, 14 y Hechos 1-2, 8. Resume los principales acontecimientos del viaje de Felipe con el Mesías.

5. Actividades:

* Escritura creativa: Felipe
* Hoja de trabajo: ¿Cuál es la palabra?
* Cuestionario de la Biblia: Felipe
* Sopa de letras de la Biblia: Felipe
* Hoja de trabajo: Felipe
* Hoja de trabajo: Alimentando a los 5.000
* Hoja de trabajo: ¿Qué vestían los discípulos?
* Hoja de trabajo: Datos de los discípulos
* Hoja de trabajo: Mis notas bíblicas

6. Conclusión:

1. ¿Qué lección(es) podemos aprender de la vida de Felipe?
2. Termine la lección con una oración

Lee Mateo 25-28, Lucas 6, Juan 1, 6, 12, 14 y Hechos 1-2, 8.
¿Qué aprendiste sobre Felipe?

Resume los eventos principales del viaje de Felipe con el Mesías.

¿Cuál es la palabra?

Lee Juan 1:43-51 (RVR1960). Usando las siguientes palabras, llena los espacios en blanco para completar el pasaje de la Biblia.

YESHUA	REY	CIELO	FELIPE
TORÁ	HIGUERA	NAZARET	NATANAEL

"El siguiente día quiso .... ir a Galilea, y halló a Felipe, y le dijo: "Sígueme". Y Felipe era de Betsaida, la ciudad de Andrés y Pedro. Felipe halló a Natanael, y le dijo: "Hemos hallado a aquél de quien escribió Moisés en la ...., así como los profetas; a Yeshua, el hijo de José, de ....". Natanael le dijo: "¿De Nazaret puede salir algo de bueno?". Le dijo Felipe: "Ven y ve". Cuando Yeshua vio a .... que se le acercaba, dijo de él: "He aquí un verdadero israelita, en quien no hay engaño". Le dijo Natanael: "¿De dónde me conoces?". Respondió Yeshua y le dijo: "Antes que .... te llamara, cuando estabas debajo de la higuera, te vi". Respondió Natanael y le dijo: "Rabí, tú eres el Hijo de Dios; tú eres el .... de Israel". Respondió Yeshua y le dijo: "¿Porque te dije 'te vi debajo de la ....', crees? Cosas mayores que estas verás". Y le dijo: "De cierto, de cierto os digo, de aquí adelante veréis el .... abierto, y a los ángeles de Dios que suben y descienden sobre el Hijo del Hombre"."

FELIPE

Lee Juan 1:1-50, 6:1-15, 12:1-26, 14:1-17, Lucas 6:1-16 y Hechos 1:1-26. Responde las siguientes preguntas.

1. ¿Dónde encontró Yeshua a Felipe?

2. ¿Qué le dijo Felipe a Natanael?

3. ¿Qué dijo Yeshua cuando vio a Natanael?

4. ¿De qué pueblo era Felipe?

5. ¿Qué le dijeron los griegos a Felipe en Juan 12:20?

6. "Yo soy el camino, y la _____, y la vida; nadie viene al Padre, sino por mí".

7. ¿Qué les dijo Yeshua a los discípulos que hicieran si le amaban?

8. ¿Por qué preguntó Yeshua a Felipe dónde comprar pan?

9. ¿A dónde fueron Felipe y los apóstoles después de que Yeshua hubiera subido al cielo?

10. ¿Cuántos apóstoles nombró Yeshua?

FELIPE

Lee Juan 1:1-50, 6:1-15, 12:1-26, 14:1-17, Lucas 6:1-16 y Hechos 1:1-26. Encuentra y encierra en un círculo las siguientes palabras.

- APÓSTOL
- FELIPE
- DOCE
- NATANAEL
- AUTORIDAD
- ISRAELITA
- GRIEGOS
- PADRE
- JERUSALÉN
- HIGUERA
- DISCÍPULO
- BETSAIDA

Felipe

Dibuja una corona para un rey. ¡Usa tu imaginación!

¿Por qué crees que Yeshua llamó israelita a Natanael?

....
....
....
....
....
....
....
....

¿Qué puede enseñarme la vida de Felipe?

....
....
....
....
....
....

Haz un dibujo para volver a contar la historia de Felipe y los discípulos alimentando a los 5.000.

Alimentando a los 5.000

"Cuando alzó Yeshua los ojos, y vio que había venido a él gran multitud, dijo a Felipe: ¿De dónde compraremos pan para que coman estos? Pero esto decía para probarle; porque Él sabía lo que había de hacer. Felipe le respondió: Doscientos denarios de pan no bastarían para que cada uno de ellos tomase un poco. Uno de sus discípulos, Andrés, hermano de Simón Pedro, le dijo: Aquí está un muchacho, que tiene cinco panes de cebada y dos pececillos; mas ¿qué es esto para tantos? Entonces Yeshua dijo: Haced recostar la gente. Y había mucha hierba en aquel lugar; y se recostaron como en número de cinco mil varones. Y tomó Yeshua aquellos panes, y habiendo dado gracias, los repartió entre los discípulos, y los discípulos entre los que estaban recostados; asimismo de los peces, cuanto querían. Y cuando se hubieron saciado, dijo a Sus discípulos: Recoged los pedazos que sobraron, para que no se pierda nada. Recogieron, pues, y llenaron doce cestas de pedazos, que de los cinco panes de cebada sobraron a los que habían comido. Aquellos hombres entonces, viendo la señal que Yeshua había hecho, dijeron: Este verdaderamente es el profeta que había de venir al mundo" (Juan 6:5-15).

Lee Juan 6. Responde las preguntas.

1. ¿Por qué preguntó Yeshua a Felipe dónde comprar pan?

2. ¿Cuántos panes y peces tenía el muchacho?

3. ¿Cuántas cestas llenaron los discípulos con trozos de pan?

4. ¿Qué harías si tuvieras que alimentar a 5.000 personas?

5. ¿Qué te enseña esta historia?

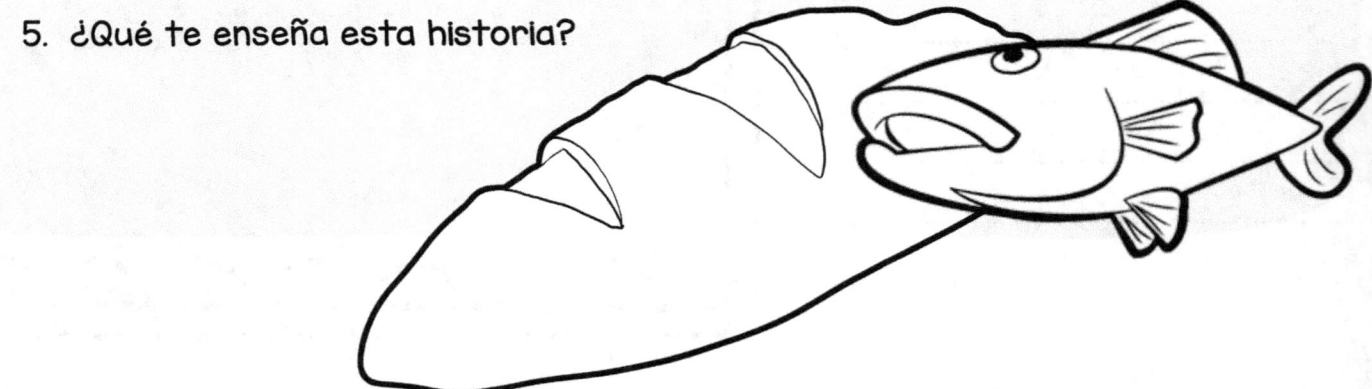

¿Qué vestían los discípulos?

En los tiempos bíblicos, los hombres israelitas vestían ropas diferentes a las que llevan hoy en día. La mayoría de los hombres llevaban una túnica interior, una túnica o manto exterior, tzitzits y sandalias. Las túnicas estaban hechas de lana, lino o algodón, y se sujetaban a la cintura con un cinturón de cuero o tela. Las túnicas exteriores eran de tela de lana. Los tzitzits azules y blancos, hechos de lino o lana, se llevaban para recordar a los hombres que debían obedecer los mandamientos de Dios (Números 15:37-41). Las sandalias estaban hechas de cuero y hierba seca, y tenían cuerdas o cordones hechos de materiales baratos. Utilizando Internet o una enciclopedia, investiga qué vestían los hombres en los tiempos bíblicos. Escribe dos datos sobre cada prenda de vestir en los recuadros siguientes.

Túnica

Capa

Tzitzits

Sandalias

Datos de los discípulos

Yeshua enseñó a Sus discípulos a discipular a otros. ¿Quiénes eran los discípulos de Yeshua? Lee los siguientes datos y emparéjalos con el discípulo correcto.

 Un judío; traicionó a Yeshua por 30 piezas de plata; se ahorcó.

....

 Su nombre griego era Dídimo; dudó de la resurrección de Yeshua.

....

 Hermano de Jacobo; su segundo nombre era Boanerges, que significa hijo de trueno; escribió el Evangelio de Juan y Revelaciones.

....

 Vino de Betsaida; uno de los primeros discípulos.

....

 Hijo de Zebedeo; predicó en Jerusalén y Judea; fue decapitado por Herodes en 44 d.C.

....

 Hermano de Pedro; pescador; originalmente un discípulo de Juan el Bautista.

....

 Recaudador de impuestos; también llamado Leví.

....

 Hermano de Jacobo, hijo de Alfeo; le preguntó a Yeshua en la última cena: "¿Cómo es que te manifestarás a nosotros, y no al mundo?" (Juan 14:22).

....

 Su nombre significa Hijo de Tolmai; vivió en Caná.

....

 Pescador; casado; negó conocer a Yeshua tres veces.

....

ANDRÉS — JUDAS
BARTOLOMÉ — JUDAS TADEO
JACOBO HIJO DE ZEBEDEO — MATEO
TOMÁS — PEDRO
JUAN — FELIPE

Mis notas bíblicas

Usa este espacio para escribir lo que Dios te mostró hoy:

....
....
....
....
....
....
....
....
....
....
....
....
....

Haz un dibujo de Felipe.

Actividades extra

Los doce discípulos

Colorea las imágenes de los doce discípulos. Escribe el nombre de un discípulo en cada tarjeta. Recorta y lamina cada tarjeta. Utiliza estas tarjetas para aprender los nombres de los discípulos.

Seguidme

Yeshua llamó a Sus discípulos diciendo: "Venid y seguidme y os haré pescadores de hombres". Colorea y recorta los peces. Colócalos en la red.

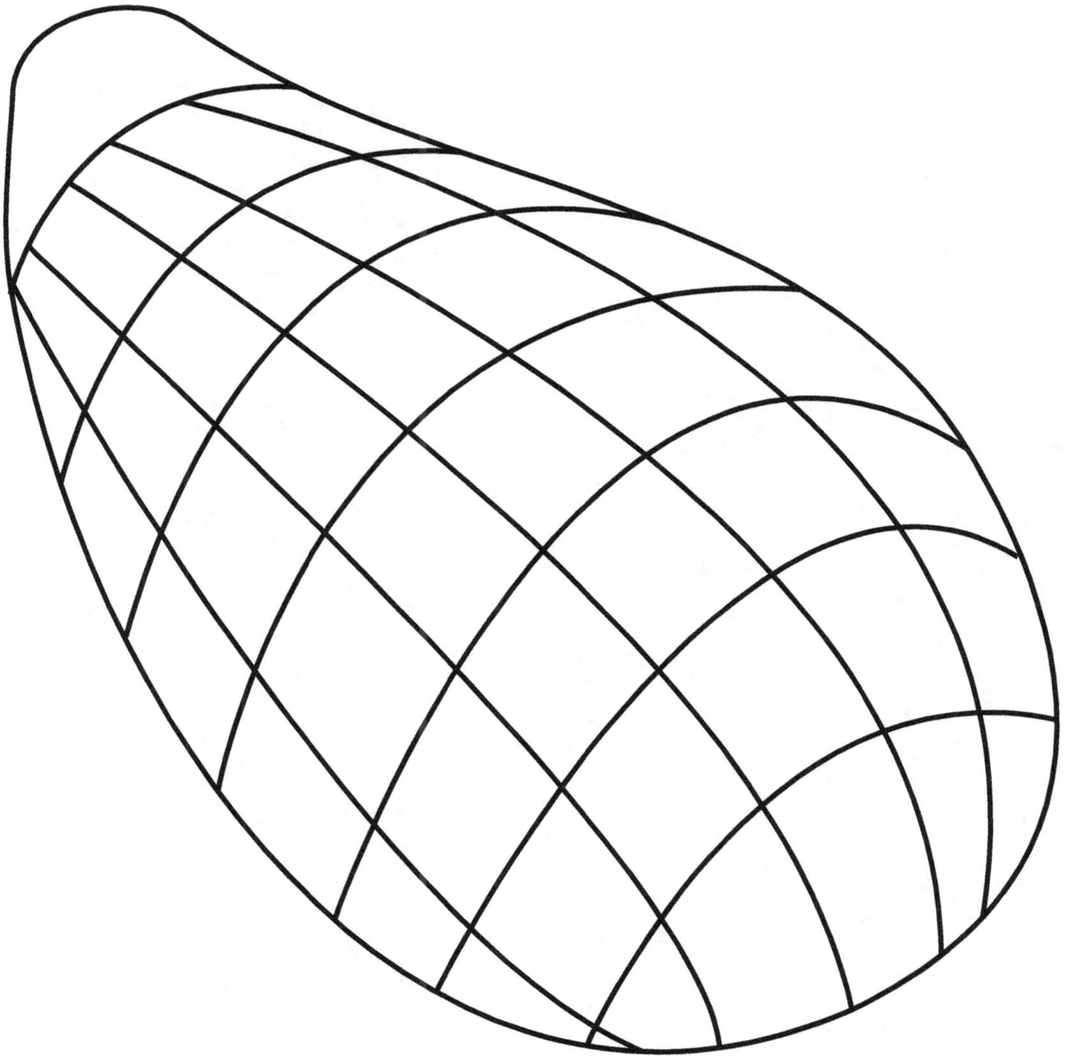

¿Quién lo dijo?

Lee Marcos 10–14, Lucas 9 y Hechos 4. Colorea y recorta cada personaje de la Biblia. Empareja la cita con la persona que la dijo.

1. "Señor, ¿quieres que mandemos que descienda fuego del cielo, como hizo Elías, y los consuma?" - Lucas 9:54

2. "…sea notorio a todos vosotros… que en el nombre de Yeshua… este hombre está en vuestra presencia sano" - Hechos 4:10

3. "Levantaos, vamos; he aquí, se acerca el que me entrega" - Marcos 14:42

4. "Maestro, querríamos que nos hagas lo que pidiéremos" - Marcos 10:35

Juan   Jacobo   Pedro   Yeshua

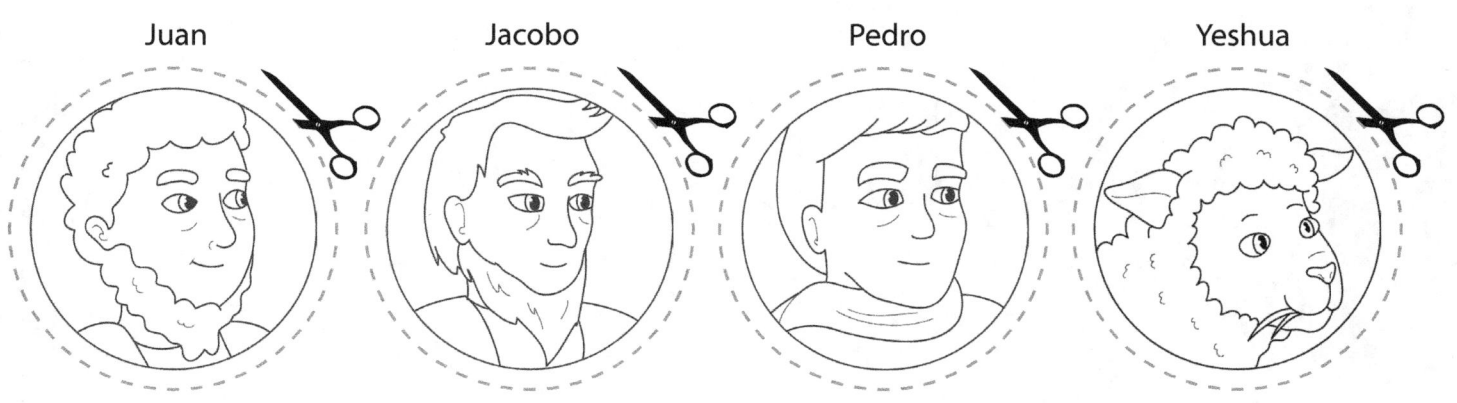

Las marionetas de los discípulos

Necesitarás:
1. Cartón grueso o papel de construcción
2. Pintura, rotuladores o lápices de colores
3. Tijeras (solo para adultos)
4. Pegamento en barra extrafuerte o cinta adhesiva

Instrucciones:

1. Colorea cada marioneta.
2. Pega toda esta hoja de actividades en una cartulina o papel de construcción y espera a que el pegamento se seque.
3. Recorta con cuidado cada una de las marionetas.
4. Enrolla las lengüetas de cada marioneta alrededor de tu dedo y pégalas con cinta adhesiva.

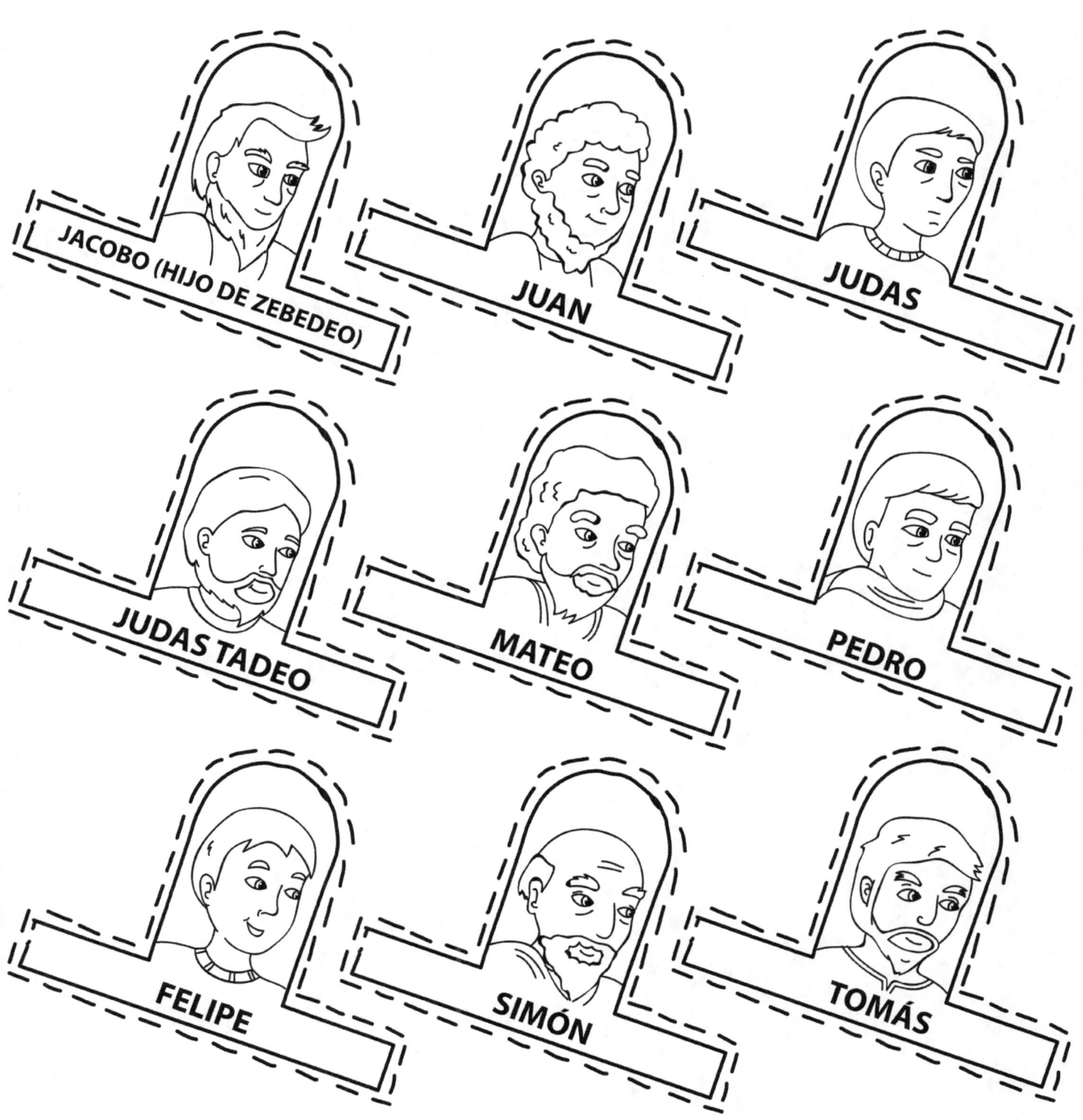

¿Quién lo dijo?

Lee Juan 14:22, 18:31, 20:18 y Hechos 3:6.
Colorea y recorta cada personaje bíblico.
Empareja la cita con la persona que la dijo.

1. "¿Cómo es que te vas a manifestar a nosotros y no al mundo?" – Juan 14:22

2. "Tomadle vosotros, y juzgadle según vuestra ley" – Juan 18:31

3. "No tengo plata ni oro, pero lo que tengo te doy; en el nombre de Yeshua de Nazaret, levántate y anda" – Hechos 3:6

4. "He visto a Yeshua" – Juan 20:18

María Magdalena   Judas   Pedro   Pilato

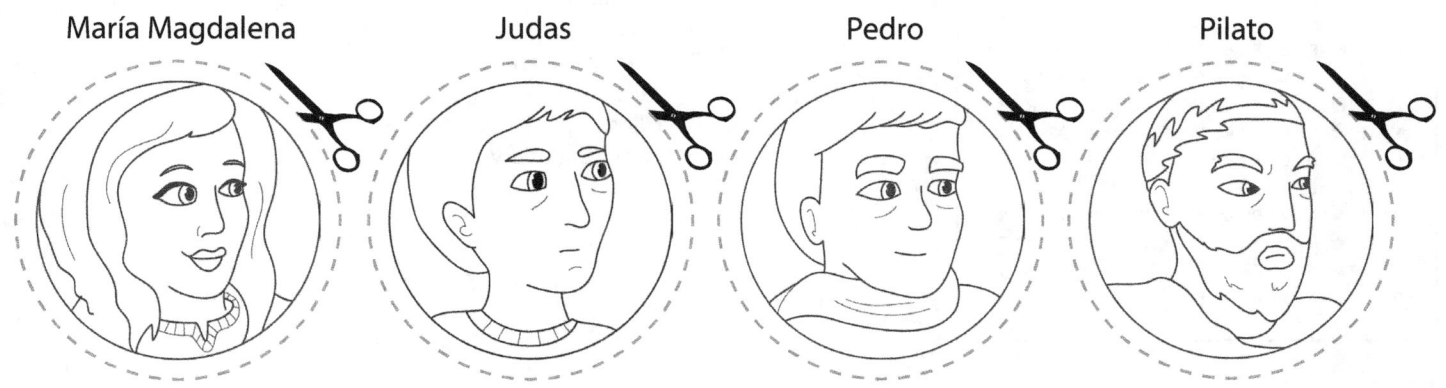

GUÍA DE RESPUESTAS

PEDRO
¿Cuál es la palabra?
Cuando hubieron comido, Yeshua dijo a Simón Pedro: 'Simón, hijo de Jonás, ¿me amas más que estos?'. Le respondió: 'Sí, Señor; tú sabes que te amo'. Él le dijo: 'Apacienta mis corderos'. Volvió a decirle la segunda vez: 'Simón, hijo de Jonás, ¿me amas?'. Simón Pedro le respondió: 'Sí, Señor; Tú sabes que te amo'. Le dijo: 'Pastorea mis ovejas'. Le dijo la tercera vez: 'Simón, hijo de Jonás, ¿me amas?'. Pedro se entristeció de que le dijese la tercera vez: '¿Me amas?', y le respondió: 'Señor, Tú lo sabes todo; Tú sabes que te amo'. Yeshua le dijo: 'Apacienta mis ovejas. De cierto, de cierto te digo: cuando eras más joven, te ceñías, e ibas a donde querías; mas cuando ya seas viejo, extenderás tus manos, y te ceñirá otro, y te llevará a donde no quieras'.

Cuestionario de la Biblia: Pedro
1. Pedro, Jacobo y Juan
2. Moisés y Elías
3. Tres
4. Sus pies, manos y cabeza
5. "A donde voy no podéis seguirme ahora, pero me seguiréis después".
6. Betsaida
7. Tres veces
8. Se lanzó al mar y nadó hacia Yeshua
9. Tres veces
10. Cafarnaúm

Sopa de letras de la Biblia: Pedro

Hoja de trabajo: La fuga de Pedro de la prisión
1. Fiesta de los Panes sin Levadura
2. Pedro estaba atado con cadenas
3. Un ángel

JUAN
¿Cuál es la palabra?
Hablando Pedro y Juan al pueblo, vinieron sobre ellos los sacerdotes con el jefe de la guardia del templo, y los saduceos, resentidos de que enseñasen al pueblo, y anunciasen en Yeshua la resurrección de entre los muertos. Y les echaron mano, y los pusieron en la cárcel hasta el día siguiente, porque era ya tarde. Pero muchos de los que habían oído la palabra, creyeron; y el número de los varones era como cinco mil. Aconteció al día siguiente, que se reunieron en Jerusalén los gobernantes, los ancianos y los escribas, y el sumo sacerdote Anás, y Caifás y Juan y Alejandro, y todos los que eran de la familia de los sumos sacerdotes; y poniéndoles en medio, les preguntaron: "¿Con qué potestad, o en qué nombre, habéis hecho vosotros esto?". Entonces Pedro, lleno del Espíritu Santo, les dijo: "Gobernantes del pueblo, y ancianos de Israel, puesto que hoy se nos interroga acerca del beneficio hecho a un hombre enfermo, de qué manera éste haya sido sanado, sea notorio a todos vosotros, y a todo el pueblo de Israel, que en el nombre de Yeshua de Nazaret, a quien vosotros crucificasteis y a quien Dios resucitó de los muertos, por él este hombre está en vuestra presencia sano".

Cuestionario de la Biblia: Juan
1. Yeshua
2. Cayeron al suelo, aterrorizados
3. Un pueblo samaritano
4. "¿Quieres que ordenemos que baje fuego del cielo y los consuma?"
5. Los sacerdotes, el capitán del templo y los saduceos
6. No hablar o enseñar en el nombre de Yeshua
7. Mar de Galilea
8. Jacobo
9. Hijos del Trueno
10. Pedro, Jacobo y Juan

Sopa de letras de la Biblia: Juan

Hoja de trabajo: Ante el Sanedrín

1. Porque estaban enseñando que en Yeshua existe la resurrección de los muertos
2. Alrededor de 5.000 personas
3. Porque Pedro y Juan eran hombres comunes y corrientes (no maestros de la Torá), pero enseñaron la Palabra con audacia

Hoja de trabajo: La última cena

1. Estaban en Jerusalén para honrar la cena de Pascua y la Fiesta de los Panes sin Levadura
2. Los discípulos de Yeshua asistieron a la comida final en el aposento alto
3. Pedro y Juan
4. Yeshua tomó una copa, y habiendo dado gracias, dijo: "Tomad esto, y repartidlo entre vosotros; porque os digo que no beberé más del fruto de la vid, hasta que el reino de Dios venga". Tomó pan, y habiendo dado gracias, lo partió y se los dio, diciendo: "Esto es mi cuerpo, que por vosotros es dado; haced esto en memoria de mí". Y asimismo, la copa después de haber comido, diciendo: "Esta copa es el nuevo pacto en mi sangre, que por vosotros se derrama. Mas he aquí, la mano del que me entrega está conmigo en la mesa. A la verdad el Hijo del Hombre va, según lo que está determinado; pero ¡ay de aquel hombre por quien es entregado!"
5. ¿Quién es el más grande en el reino?

Hoja de trabajo de comprensión: Los romanos

1. Los romanos utilizaron la crucifixión como una forma de controlar a todos
2. Los hebreos tenían que pagar impuestos de alimentos, de circulación, de sufragio, religiosos, sobre el agua, sobre la vivienda y sobre las ventas, así como impuestos adicionales sobre artículos como la carne y la sal

JACOBO (HIJO DE ZEBEDEO)
¿Cuál es la palabra?

Seis días después, Yeshua tomó a Pedro, a Jacobo y a Juan su hermano, y los llevó aparte a un monte alto; y se transfiguró delante de ellos, y resplandeció Su rostro como el sol, y Sus vestidos se hicieron blancos como la luz. Y he aquí les aparecieron Moisés y Elías, hablando con Él. Entonces Pedro dijo a Yeshua: "Señor, bueno es para nosotros que estemos aquí; si quieres, hagamos aquí tres sucás, una para ti, otra para Moisés, y otra para Elías". Mientras él aún hablaba, una nube de luz los cubrió; y he aquí una voz desde la nube, que decía: "Este es Mi Hijo amado, en quien tengo complacencia; a Él oíd". Al oír esto los discípulos, se postraron sobre sus rostros, y tuvieron gran temor. Entonces Yeshua se acercó y los tocó, y dijo: "Levantaos, y no temáis". Y alzando ellos los ojos, a nadie vieron sino a Yeshua solo.

Cuestionario de la Biblia: Jacobo (hijo de Zebedeo)

1. Yeshua
2. Cayeron al suelo, aterrorizados
3. Juan
4. Zebedeo
5. "¿Quieres que ordenemos que baje fuego del cielo y los consuma?"
6. El rey Herodes
7. Con una espada
8. Hijos del trueno
9. Yeshua
10. La hija de Jairo

Sopa de letras de la Biblia: Jacobo (hijo de Zebedeo)

Responde y colorea: Resurrección de la hija de Jairo
1. Líder de la sinagoga
2. Pedro, Jacobo y Juan
3. La niña tenía doce años

Hoja de trabajo: Jacobo el pescador

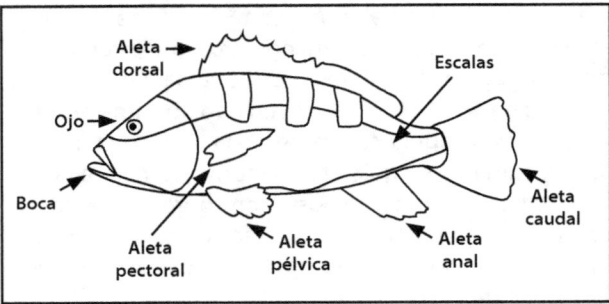

Hoja de trabajo: Mártir de la fe
1. Agripa I era nieto de Herodes el Grande e hijo de Aristóbulo IV y Berenice. Su nombre original era Marcus Julius Agrippa y era el rey llamado Herodes en el Libro de los Hechos. Según el historiador Josefo, también se le conocía como "Agripa el Grande"
2. Pídales a los niños que respondan a esta pregunta. Las respuestas pueden variar

JUDAS ISCARIOTE
¿Cuál es la palabra?
Judas, pues, tomando una compañía de soldados, y alguaciles de los principales sacerdotes y de los fariseos, fue allí con linternas y antorchas, y con armas. Pero Yeshua, sabiendo todas las cosas que le habían de sobrevenir, se adelantó y les dijo: "¿A quién buscáis?". Le respondieron: "A Yeshua el nazareno". Yeshua les dijo: "Yo soy". Y estaba también con ellos Judas, el que le entregaba. Cuando les dijo: "Yo soy", retrocedieron, y cayeron a tierra. Volvió, pues, a preguntarles: "¿A quién buscáis?". Y ellos dijeron: "A Yeshua el nazareno". Respondió Yeshua: "Os he dicho que Yo soy; pues si me buscáis a Mí, dejad ir a éstos; para que se cumpliese aquello que había dicho; de los que me diste, no perdí ninguno". Entonces Simón Pedro, que tenía una espada, la desenvainó, e hirió al siervo del sumo sacerdote, y le cortó la oreja derecha. Yeshua entonces dijo a Pedro: "Mete tu espada en la vaina; la copa que el Padre me ha dado, ¿no la he de beber?".

Cuestionario de la Biblia: Judas Iscariote
1. Ovejas
2. Judas
3. Los jefes sacerdotes
4. Treinta piezas de plata
5. Pan

6. Una gran multitud armada con espadas y palos, enviada por los jefes sacerdotes y los ancianos
7. Lo besó
8. En el santuario del templo
9. El campo del alfarero (campo de sangre)
10. Jeremías

Sopa de letras de la Biblia: Judas Iscariote

Hoja de trabajo: Judas devuelve el dinero
1. Judas devolvió treinta piezas de plata
2. El templo
3. Porque se consideraba dinero de sangre

Hoja de trabajo de comprensión: Los líderes religiosos
1. No sólo dictaban las normas de la vida religiosa del pueblo judío, sino que también eran gobernantes y jueces. El Sanedrín (consejo judío) era el tribunal supremo del antiguo Israel, formado por setenta hombres y un sumo sacerdote
2. Los hebreos estaban cansados del dominio romano y de los altos impuestos

TOMÁS
¿Cuál es la palabra?
"No se turbe vuestro corazón; creéis en Dios, creed también en Mí. En la casa de Mi Padre muchas moradas hay; si así no fuera, Yo os lo hubiera dicho; voy, pues, a preparar lugar para vosotros. Y si me fuere y os preparare lugar, vendré otra vez, y os tomaré a Mí mismo, para que donde yo estoy, vosotros también estéis. Y sabéis a dónde voy, y sabéis el camino". Le dijo Tomás: "Señor, no sabemos a dónde vas; ¿cómo, pues, podemos saber el camino?". Yeshua le dijo: "Yo soy el camino, y la verdad, y la vida; nadie viene al Padre, sino por Mí. Si me conocieseis, también a Mi Padre conoceríais; y desde ahora le conocéis, y le habéis visto".

Cuestionario de la Biblia: Tomás
1. Polvo
2. "No sabemos a dónde vas. ¿Cómo podemos saber el camino?"
3. Doce
4. El gemelo
5. Lázaro
6. "Vayamos también nosotros para morir con él"
7. La marca de los clavos en las manos (muñecas) de Yeshua y el agujero en Su costado
8. Apareció en una habitación donde las puertas estaban cerradas
9. Pon tu dedo aquí y ve Mis manos. Pon tu mano en Mi costado. No descreas, sino cree".
10. Matías

Sopa de letras de la Biblia: Tomás

Hoja de trabajo: Empareja las escrituras
"Señor, no sabemos a dónde vas; ¿cómo, pues, podemos saber el camino?". Yeshua le dijo: "Yo soy el camino, y la verdad, y la vida; nadie viene al Padre, sino por Mí". (Juan 14:5)

"Si no viere en sus manos la señal de los clavos, y metiere mi dedo en el lugar de los clavos, y metiere mi mano en su costado, no creeré". (Juan 20:25)

"Vamos también nosotros, para que muramos con él". (Juan 11:16)

"Y cuando era de día, llamó a sus discípulos, y escogió a doce de ellos, a los cuales también llamó apóstoles: a Simón, a quien también llamó Pedro, a Andrés su hermano, Jacobo y Juan, Felipe y Bartolomé, Mateo, Tomás…". (Lucas 6:13-16)

Hoja de trabajo: ¡Ha resucitado!
1. Las marcas en las manos y el costado de Yeshua
2. Yeshua se les apareció a los discípulos ocho días después de haber resucitado
3. Yeshua le dijo a Tomás que pusiera sus dedos en Sus manos, y que pusiera su mano en el costado de Yeshua
4. Yeshua se les apareció a Sus once discípulos en una habitación en Jerusalén (Lucas 24:33-37 y Juan 20:19)

BARTOLOMÉ
¿Cuál es la palabra?
Entonces llamando a Sus doce discípulos, les dio autoridad sobre los espíritus inmundos, para que los echasen fuera, y para sanar toda enfermedad y toda dolencia. Los nombres de los doce apóstoles son estos: primero Simón, llamado Pedro, y Andrés su hermano; Jacobo hijo de Zebedeo, y Juan su hermano; Felipe, Bartolomé, Tomás, Mateo el publicano, Jacobo hijo de Alfeo, Lebeo, por sobrenombre Tadeo, Simón el cananista, y Judas Iscariote, el que también le entregó.

Cuestionario de la Biblia: Bartolomé
1. Doce apóstoles
2. A las ovejas perdidas de la casa de Israel
3. No adquieras oro, plata o cobre, ni bolsa, ni dos túnicas, ni sandalias, ni bastón
4. Sus doce apóstoles
5. "Hombres de Galilea, ¿por qué estáis mirando al cielo? Yeshua, que fue llevado de vosotros al cielo, volverá por el mismo camino"
6. Monte de los Olivos
7. Jerusalén
8. Matías
9. Discípulo
10. Agua

Sopa de letras de la Biblia: Bartolomé

Hoja de trabajo: Carreteras romanas
1. Algunos de los lugares incluyen Galilea, Jerusalén, Caná, Sicar, Cafarnaúm, Gennesaret, Cesarea, Filipo
2. Doce apóstoles fueron nombrados
3. A los discípulos se les dio autoridad para predicar y expulsar demonios

JACOBO (HIJO DE ALFEO)
¿Cuál es la palabra?
Y estando juntos, les mandó que no se fueran de Jerusalén, sino que esperasen la promesa del Padre, la cual, les dijo, "oísteis de Mí. Porque Juan ciertamente bautizó con agua, mas vosotros seréis bautizados con el Espíritu Santo dentro de no muchos días". Entonces los que se habían reunido le preguntaron, diciendo: "Señor, ¿restaurarás el reino a Israel en este tiempo?". Y les dijo: "No os toca a vosotros saber los tiempos o las sazones, que el Padre puso en su sola potestad; pero recibiréis poder, cuando haya venido sobre vosotros el Espíritu Santo, y me seréis testigos en Jerusalén, en toda Judea, en Samaria, y hasta lo último de la tierra". Y habiendo dicho estas cosas, viéndolo ellos, fue alzado, y le recibió una nube que le ocultó de sus ojos. Y estando ellos con los ojos puestos en el cielo, entre tanto que él se iba, he aquí se pusieron junto a ellos dos varones con vestiduras blancas, los cuales también les dijeron: "Varones galileos, ¿por qué estáis mirando al cielo? Este mismo Yeshua, que ha sido tomado de vosotros al cielo, así vendrá como le habéis visto ir al cielo".

Cuestionario de la Biblia: Jacobo (hijo de Alfeo)
1. Gólgota
2. María
3. Matías
4. "Id a las ovejas perdidas de la casa de Israel y proclamad mientras vais, diciendo: 'El reino de los cielos está cerca'. Curad a los enfermos, resucitad a los muertos, limpiad a los leprosos y expulsad a los demonios"
5. De no lavarse las manos antes de comer
6. "¿Por qué rompéis el mandato de Dios por vuestra tradición?"
7. Doce apóstoles
8. Yeshua y sus discípulos
9. Alfeo
10. Dos hombres vestidos de blanco

Sopa de letras de la Biblia: Jacobo (hijo de Alfeo)

Hoja de trabajo: Templo en Jerusalén
1. Doce discípulos
2. Yeshua les dijo a Sus discípulos que sería entregado a los líderes religiosos, y condenado a muerte
3. Al tercer día

Hoja de trabajo: Ordena los nombres de los 12 discípulos
Pedro, Juan, Jacobo, Judas, Tomás, Bartolomé, Jacobo, Judas, Mateo, Andrés, Simón, Felipe

JUDAS TADEO
¿Cuál es la palabra?
"Si me amáis, guardad Mis mandamientos. Y yo rogaré al Padre, y os dará otro Consolador, para que esté con vosotros para siempre: el Espíritu de verdad, al cual el mundo no puede recibir, porque no le ve, ni le conoce; pero vosotros le conocéis, porque mora con vosotros, y estará en vosotros. No os dejaré huérfanos; vendré a vosotros. Todavía un poco, y el mundo no me verá más; pero vosotros me veréis; porque Yo vivo, vosotros también viviréis. En aquel día vosotros conoceréis que Yo estoy en mi Padre, y vosotros en mí, y Yo en vosotros. El que tiene mis mandamientos, y los guarda, ése es el que me ama; y el que me ama, será amado por Mi Padre, y yo le amaré, y me manifestaré a él". Le dijo Judas (no el Iscariote): "Señor, ¿cómo es que te manifestarás a nosotros, y no al mundo?". Respondió Yeshua y le dijo: "El que me ama, Mi palabra guardará; y Mi Padre le amará, y vendremos a él, y haremos morada con él. El que no me ama, no guarda Mis palabras; y la palabra que habéis oído no es mía, sino del Padre que me envió".

Cuestionario de la Biblia: Judas Tadeo
1. Amas
2. "¿Cómo es que te manifestarás a nosotros y no al mundo?"
3. Doce
4. Moriría (crucificado) y resucitaría al tercer día
5. Un viaje de un día de Sabbat

6. Volvieron a Jerusalén y rezaron
7. Barrabás y Matías
8. Una boda
9. Cuatro mil
10. Ovejas

Sopa de letras de la Biblia: Judas Tadeo

Hoja de trabajo: Una última comida
1. Yeshua
2. Judas Iscariote
3. Amaos los unos a los otros, como yo os he amado

MATEO
¿Cuál es la palabra?
Pasando Yeshua de allí, vio a un hombre llamado Mateo, que estaba sentado al banco de los tributos públicos, y le dijo: "Sígueme". Y se levantó y le siguió. Y aconteció que estando Él sentado a la mesa en la casa, he aquí que muchos publicanos y pecadores, que habían venido, se sentaron juntamente a la mesa con Yeshua y Sus discípulos. Cuando vieron esto los fariseos, dijeron a los discípulos: "¿Por qué come vuestro Maestro con los publicanos y pecadores?". Al oír esto Yeshua, les dijo: "Los sanos no tienen necesidad de médico, sino los enfermos. Id, pues, y aprended lo que significa; misericordia quiero, y no sacrificio. Porque no he venido a llamar a justos, sino a pecadores, al arrepentimiento".

Cuestionario de la Biblia: Mateo
1. En un banco de tributos públicos
2. Los recaudadores de impuestos y los pecadores
3. Misericordia, no sacrificio
4. Levi
5. Le hizo un gran festín
6. Alfeo
7. En una montaña

8. Monte de los Olivos
9. Recaudador de impuestos
10. Ella tocó los tzitzits (flecos) de Yeshua en Su vestimenta

Sopa de letras de la Biblia: Mateo

Hoja de trabajo: Calmando la tormenta
1. Los discípulos del Mesías
2. Llegó una tormenta de viento y empezó a llenar el barco de agua
3. Los discípulos se dijeron: "¿Quién es éste, pues, que manda hasta los vientos y las aguas y le obedecen?"
4. Mar de Galilea (lago de Tiberíades)
5. Pídales a los niños que respondan a esta pregunta. Las respuestas pueden variar

Hoja de trabajo: El recaudador de impuestos
1. Los hebreos sabían que los recaudadores de impuestos engañaban a la gente a la que cobraban
2. Se les excluía de la vida religiosa, incluidas las reuniones del templo y la sinagoga, y no podían servir de testigos en ningún tribunal

ANDRÉS
¿Cuál es la palabra?
Andando Yeshua junto al mar de Galilea, vio a dos hermanos, Simón, llamado Pedro, y Andrés su hermano, que echaban la red en el mar; porque eran pescadores. Y les dijo: "Venid en pos de mí, y os haré pescadores de hombres". Ellos entonces, dejando al instante las redes, le siguieron. Pasando de allí, vio a otros dos hermanos, Jacobo hijo de Zebedeo, y Juan su hermano, en la barca con Zebedeo su padre, que remendaban sus redes; y los llamó. Y ellos, dejando al instante la barca y a su padre, le siguieron.

Cuestionario de la Biblia: Andrés
1. "He aquí el Cordero de Dios"
2. Pedro (Simón Pedro)
3. Panes sin Levadura (Pascua)
4. Cinco panes de cebada y dos peces
5. Pedro, Jacobo, Juan y Andrés
6. Pescador
7. Jacobo y Juan
8. La casa de Simón y Andrés
9. La suegra de Simón
10. Mar de Galilea

Sopa de letras de la Biblia: Andrés

SIMÓN EL CANANISTA
¿Cuál es la palabra?
Acontecío después, que Él iba a la ciudad que se llama Naín, e iban con Él muchos de sus discípulos, y una gran multitud. Cuando llegó cerca de la puerta de la ciudad, he aquí que llevaban a enterrar a un difunto, hijo único de su madre, la cual era viuda; y había con ella mucha gente de la ciudad. Y cuando Yeshua la vio, se compadeció de ella, y le dijo: "No llores". Y acercándose, tocó el féretro; y los que lo llevaban se detuvieron. Y dijo: "Joven, a ti te digo, levántate". Entonces se incorporó el que había muerto, y comenzó a hablar. Y lo dio a su madre. Y todos tuvieron miedo, y glorificaban a Dios, diciendo: "Un gran profeta se ha levantado entre nosotros; y Dios ha visitado a Su pueblo". Y se extendió la fama de Él por toda Judea, y por toda la región de alrededor.

Cuestionario de la Biblia: Simón el cananista
1. Simón el zelote
2. Doce apóstoles
3. Monte de los Olivos
4. Mateo
5. Naín

6. María Magdalena, Juana, la mujer de Chuza, que era el intendente de Herodes; Susana, y muchos otros
7. Echar nuestros demonios y curar enfermedades
8. Cinco mil hombres
9. Los discípulos huyeron
10. Jerusalén

Sopa de letras de la Biblia: Simón el cananista

Hoja de trabajo: Reino de Dios
1. Con dificultad
2. Las doce tribus de Israel
3. Recibirán el céntuplo y heredarán la vida eterna

Hoja de trabajo: Los discípulos
Pedro, Andrés, Jacobo, Juan, Felipe, Bartolomé, Mateo, Tomás, Jacobo (hijo de Alfeo), Judas, Simón, Judas Iscariote

FELIPE
¿Cuál es la palabra?
El siguiente día quiso Yeshua ir a Galilea, y halló a Felipe, y le dijo: "Sígueme". Y Felipe era de Betsaida, la ciudad de Andrés y Pedro. Felipe halló a Natanael, y le dijo: "Hemos hallado a aquél de quien escribió Moisés en la torá, así como los profetas; a Yeshua, el hijo de José, de Nazaret". Natanael le dijo: "¿De Nazaret puede salir algo de bueno?". Le dijo Felipe: "Ven y ve". Cuando Yeshua vio a Natanael que se le acercaba, dijo de él: "He aquí un verdadero israelita, en quien no hay engaño". Le dijo Natanael: "¿De dónde me conoces?". Respondió Yeshua y le dijo: "Antes que Felipe te llamara, cuando estabas debajo de la higuera, te vi". Respondió Natanael y le dijo: "Rabí, tú eres el Hijo de Dios; tú eres el Rey de Israel". Respondió Yeshua y le dijo: "¿Porque te dije 'te vi debajo de la higuera', crees? Cosas mayores que estas verás". Y le dijo: "De cierto, de cierto os digo, de aquí adelante veréis el cielo abierto, y a los ángeles de Dios que suben y descienden sobre el Hijo del Hombre".

Cuestionario de la Biblia: Felipe
1. Galilea
2. "Hemos encontrado a Aquel de quien Moisés en la Torá y los profetas escribieron, Yeshua de Nazaret, el hijo de José"
3. "¡He aquí un israelita en el que no hay engaño!"
4. Betsaida, en Galilea
5. "Señor, deseamos ver a Yeshua"
6. Verdad
7. Guardad Mis mandamientos
8. Para probar a Felipe
9. Un aposento alto en Jerusalén
10. Doce apóstoles

Sopa de letras de la Biblia: Felipe

Responde y colorea: Alimentando a los 5.000
1. Para probar a Felipe
2. Cinco panes de cebada y dos peces
3. Doce cestas de comida
4. Pídales a los niños que respondan a esta pregunta. Las respuestas pueden variar
5. Pídales a los niños que respondan a esta pregunta. Las respuestas pueden variar

Hoja de trabajo: Datos de los discípulos
Andrés = 6, Bartolomé = 9, Jacobo hijo de Zebedeo = 5, Judas = 1, Juan = 3, Judas Tadeo = 8, Mateo = 7, Pedro = 10, Felipe = 4, Tomás = 2

Actividad de la Biblia nº 1: ¿Quién lo dijo?
1 = Juan, 2 = Yeshua, 3 = Pedro, 4 = Jacobo

Actividad de la Biblia nº 2: ¿Quién lo dijo?
1 = Judas, 2 = Pilatos, 3 = Pedro, 4 = María Magdalena

◇◇ ¡DESCUBRE MÁS LIBROS DE ACTIVIDADES! ◇◇

Disponibles para comprar en shop.biblepathwayadventures.com

¡DESCARGA INSTANTÁNEA!

Libro de actividades de cuestionarios de la Biblia
12 tribus de Israel - Tarjetas para memoria y emparejar
Libro de actividades de las Fiestas de la Primavera
Libro de actividades de las Fiestas de Otoño
Libro de actividades de las historias favoritas de la Biblia
Bereshit | Génesis - Libro de actividades con porciones de la Torá
Aprendiendo Hebreo: El Alfabeto
Libro de actividades de la porción semanal de la Torá